Bernhard Anderl

Konkordat, Kirche und Geld

KirchenZukunft konkret

herausgegeben von

Prof. Dr. Dr. Michael N. Ebertz

(Freiburg)

Band 16

LIT

Bernhard Anderl

Konkordat, Kirche und Geld

Hintergründe einer Krise

LIT

Umschlagbild:
Geld, Abgaben und Steuern, Steuereinnehmer nimmt Zinsen und Zehnt
ein, Holzschnitt 15. Jh.
© Visual Experts Interfoto München

Gedruckt auf alterungsbeständigem Werkdruckpapier entsprechend
ANSI Z3948 DIN ISO 9706

Bibliografische Information der Deutschen Nationalbibliothek
Die Deutsche Nationalbibliothek verzeichnet diese Publikation in der
Deutschen Nationalbibliografie; detaillierte bibliografische Daten sind
im Internet über http://dnb.dnb.de abrufbar.

ISBN 978-3-643-15080-6 (br.)
ISBN 978-3-643-35080-0 (PDF)

© LIT VERLAG Dr. W. Hopf Berlin 2022
Verlagskontakt:
Fresnostr. 2 D-48159 Münster
Tel. +49 (0) 2 51-62 03 20
E-Mail: lit@lit-verlag.de   https://www.lit-verlag.de

Auslieferung:
Deutschland: LIT Verlag, Fresnostr. 2, D-48159 Münster
Tel. +49 (0) 2 51-620 32 22, E-Mail: vertrieb@lit-verlag.de

Inhaltsverzeichnis

Zurück zum Eigentlichen?

Michael N. Ebertz

Das vorliegende Buch von Bernhard Anderl will als „Versuch einer Deutung der Lage der katholischen Kirche in der Bundesrepublik Deutschland"
verstanden werden, wofür es „die eigentlichen Grundlagen" (Seite 5) ent-
faltet. Viele denken dabei vielleicht an die christliche Botschaft. Aber nein:
Der Autor denkt bei den Grundlagen zunächst nicht an Gott, sondern ans
Geld. Der Mammon werde seitens der Bischöfe tabuisiert, aber favorisiert.
Schon der vor 20 Jahren verstorbene französische Soziologe Pierre Bourdieu hatte von der „Verneinung des Ökonomischen" gesprochen und vom
„Lachen der Bischöfe", wenn diese auf die wirtschaftliche Dimension der
Kirche angesprochen wurden. Bourdieu hatte erkannt: „Die Wahrheit des
religiösen Unternehmens ist, dass es zwei Wahrheiten besitzt: die ökonomische Wahrheit und die religiöse Wahrheit, die jene verneint" (Praktische
Theorie, Frankfurt 1998, 186–197, hier 188). Das Ökonomische, um das es
der Kirche doch ‚eigentlich' *nicht* gehe, werde mit euphemisierenden Worten umrankt – sogar in der armen Kirche Frankreichs, wo, wie der Autor
des vorliegenden Buches betont, „eine sehr strikte Trennung von Kirche
und Staat" herrscht und jene „ihre Finanzierung ganz auf sich gestellt sicherstellen" (Seite 60) muss. Will auch Anderl, wie so manche Politiker
in Deutschland, die Kirche hierzulande in die laizistische Armut treiben,
welche die Geistlichen nicht von ihrer religiösen Arbeit leben lässt? Redu-
ziert auch er die ‚Trennung von Staat und Kirche' nur auf dieses eine Modell? Weltweit lassen sich ja noch andere Trennungsmodelle finden. Selbst
das US-amerikanische ist ein (religionsfreundlich) anderes als das (staats-
freundlich) französische.

Im Blick auf die deutsche Geschichte weiß Anderl um die historische
Entstehung der „diversesten ‚Staatsleistungen' als Ersatz für die eigentlich
vereinbarte einmalige Kompensation der Enteignung bei der Säkularisati-

on vor mehr als 200 Jahren" (Seite 14), um die Einführung der – anfänglich von katholischer Seite abgelehnten – Kirchensteuer und anderer – gern akzeptierter – Privilegien der Priesterkirche. Dabei verweist er noch auf eine andere Tabuisierung in Deutschland hin, die er für die Verneinung des Ökonomischen in der Kirche verantwortlich macht, wie sie „wirkliche Reformen" (Seite 6) verhindere, nämlich auf das Ausschweigen des „eigentlichen Konkordats" (Seite 6) von 1933, das die bis dahin bestehenden Länderkonkordate erweiterte und bis heute Gültigkeit hat. Aber es geht ihm nicht darum, dass, wie der Freiburger Erzbischof Conrad Gröber, der ja an den Verhandlungen beteiligt war, seinerzeit formulierte, das Reichskonkordat „für Partei und Staat als ein moralischer Erfolg [. . .] gebucht" werden und „eine freudige Hinwendung der bekenntnistreuen Katholiken zum nationalsozialistischen Staat zur Folge haben konnte" (Conrad Gröber, Artikel Konkordat, in: Handbuch der religiösen Gegenwartsfragen, Viertes Heft, Freiburg 1937, 361f). Sondern es geht Anderl um die bis jetzt „unerklärliche Tatenlosigkeit" (Seite 28) dabei, diesen internationalen Vertrag nicht aufzukündigen. Die „wirklichen Gründe" für diese Unterlassung, so Anderl, „können nur finanzieller Natur sein. Man wollte, und will bis heute, die für die Einnahmen der Kirchen sehr günstige Regelung nicht in Gefahr bringen" (Seite 28). Darin sieht er „gewaltige, lebensgefährliche Nachteile für die Kirche im Inneren" (Seite 30), zumal die Bischöfe in vielen Fällen mit den auf diese Weise entstehenden Großunternehmen ihrer Diözesen „überfordert sind, da sie ja eigentlich für die Seelsorge angetreten sind" (Seite 34).

Durch die Enttabuisierung und Kritik der beiden „eigentlichen Grundlagen" der katholischen Kirche in Deutschland will er das „Zurückfinden der Kirche zu ihrem eigentlichen Auftrag" (Seite 54) befördern. Aber was ist dieser Auftrag? Selbst Papst Benedikt XVI., dessen Freiburger Konzerthausrede über die „Entweltlichung" der Autor überaus positiv zitiert (s. hierzu kritisch Michael N. Ebertz, Päpstlicher Kirchenkurs. Die Option der elitären Minorisierung. In: Jürgen Erbacher (Hg.): Entweltlichung der Kirche? Die Freiburger Rede des Papstes. Freiburg 2012, 125–139), sprach von einem „eigentlichen Auftrag" der Kirche, ohne ihn zu definieren (Dabei war und ist auch der Vatikan politisch und ökonomisch verflochten). Aber träte dieser sogenannte eigentliche Auftrag durch eine Entflechtung der Kirche aus dem für Deutschland typischen ökonomisch-religionspolitischen Komplex einfach wie von selbst hervor? Ich befürchte, die ‚einfache Seelsorge' einer so von allem irdischen Schmutz gereinigte platonisch-johanneische Kirche gibt es nicht. Die „Katholiken sind verwirrt und können nicht mehr verstehen, um was es eigentlich geht" (Seite 73), meint Anderl. Das sehen andere ähnlich, umschreiben es vielleicht anders, wenn sie von einer multiplen Identitätskrise der Kirche sprechen. Doch liegen die Ursachen dafür darin, dass sich Staat und Kirche und Wirtschaft „in theologisch unstatthafter Weise" (Seite 9) vermischen? Der Autor betont immer wieder als eigentlichen Auftrag der Kirche ‚die Seelsorge'. Ich gebe ihm recht, weise aber meinerseits darauf hin, dass genau dieser Begriff zerdehnt und seine Semantik in eine schwere Krise geraten ist (s. Michael N. Ebertz, Am toten Punkt: Wozu noch Seelsorge? In: Lebendige Seelsorge 72/2021, 429–432), weil die ‚mission' der Kirche selbst nicht mehr klar ist, und die ‚vision' schon gar nicht (vgl. Michael N. Ebertz, Entmachtung. 4 Thesen zu Gegenwart und Zukunft der Kirche, Ostfildern 2021).

Führt nicht radikale Entmischung und Entflechtung in eine ‚weltflüchtige Askese' (Max Weber), d.h. in eine Minorisierung in der Sozialgestalt von Sekten oder des Mönchtums? Das ahnt der Autor wohl, weshalb er das System der italienischen oder spanischen Widmungssteuer empfiehlt, um die Kirche aus dem „falschen Fahrwasser" einer „staatlichen oder parastaatlichen Organisation" (Seite 37) herauszulotsen. Offen bleibt die Frage, weshalb darin nicht auch eine Verflechtung, freilich anderer Art, liegen soll. Geht wohl nicht ohne.

Und ein romantisches Zurück zum „Beginn des Christentums" (Seite 10) geht schon deshalb auch nicht. Jedenfalls verstehen auch und gerade darunter viele Christ*innen Unterschiedliches. Soll etwa auch die heute erreichte theologische Expertise der universitären Theologischen Fakultäten, die Anderl ebenfalls kritisiert, auf eine vermeintliche ‚christliche Stunde Null' zurückgefahren werden? Beseelung statt Wissenschaft? Gebraucht wird tatsächlich eine „geistliche Rückbesinnung" (Seite 54). Aber wie weit soll und kann dieses Zurück gehen? Müsste es nicht um eine Neu-Besinnung gehen? Es geht mir dabei nicht um eine oberflächliche Begriffsklauberei, sondern um eine ernsthafte Unterscheidung. Gesucht ist offensichtlich nicht eine radikale Entflechtung, sondern ein neues Maß von Ver-

und Entflechtung mit den anderen irdischen Mächten und Gewalten. Gesucht ist eine Neubestimmung der Kirche, die Geist freisetzt und ihre Autonomie befeuert. Zu dieser aufregenden Debatte nicht nur unter Glaubensgeschwistern gibt das Buch von Bernhard Anderl einen wichtigen Anstoß.

1 Einleitung

Auch einem kirchlich wenig informierten Beobachter fällt, wenn er die Presse verfolgt, auf, dass mit der katholischen Kirche in den deutschsprachigen Ländern etwas nicht stimmt. Einesteils ist die finanzielle Lage so gut wie nie in der eineinhalb Jahrtausende alten Geschichte. Auf der anderen Seite wollen die Skandale und die konträren Diskussionen um Missbrauch, „Ehe" unter gleichgeschlechtlichen Paaren, Priesterbild usw. nicht enden. Die eigentlich innerkirchlichen Auseinandersetzungen und Fragen werden in voller Öffentlichkeit einer Gesellschaft ausgetragen, die überwiegend keine Beziehung und nur wenige Kenntnisse mehr von dem hat, was früher als Glauben, Moral und Ethik angesehen wurde, und die in einem Staat lebt, in dem bald die offiziellen Kirchenmitglieder weniger als die Hälfte der Einwohner ausmachen werden. Auch von den obersten offiziellen Vertretern werden das Kirchenrecht und die Lehre der Kirche – wie sie im gar nicht so alten Katechismus von 1992 festgehalten ist – in vielen Punkten offen missachtet. Dass eine Reform überfällig ist, ist klar. Nur welche?

Es gibt eine Volksweisheit, die besagt, dass sich immer die Wahrheit erweist, wenn es sich ums Geld dreht, besser als durch Worte. Unter diesem Gesichtspunkt ist der folgende Versuch einer Deutung der Lage der katholischen Kirche in der Bundesrepublik Deutschland zu verstehen, die es unternimmt, die eigentlichen Grundlagen darzulegen – nämlich die der Finanzierung –, die in der öffentlichen Diskussion, vor allem von kirchlicher Seite her, möglichst nicht erwähnt werden.

Nicht gesprochen wird auch über die Tatsache, dass die letzte grundlegende gesetzliche Regelung zwischen Kirche und Staat das Konkordat von 1933 zwischen dem Dritten Reich und dem Heiligen Stuhl ist. Dieses Konkordat, das in Deutschland durch die als Kriegsverbrecher verurteilten Minister Frick und von Neurath verkündet wurde, gilt bis heute! Derzeit versucht der Beauftragte der Bundesregierung für jüdisches Leben in Deutschland, Felix Klein, die ihm bekannten mindestens 28 verbliebenen Rechtsvorschriften und Gesetze aus der Nazizeit zu ändern oder außer Kraft zu setzen. Er findet den Zustand unerträglich und möchte ihn dringend ändern. Dazu steht er in Verhandlung mit den Parteien des Bundestags. Allerdings ist auch hier bisher nicht vom eigentlichen Konkordat die Rede. Die Hintergründe dazu werden in Abschnitt 5.1 aufgezeigt.

Um die Ursachen der heutigen Situation zu verstehen, ist eine geschichtliche Betrachtung erforderlich, die zurückgeht auf den Vorgang der Säkularisation im damaligen, sich auflösenden Deutschen Reich. Es sind also die vergangenen zweihundert Jahre, die näher betrachtet werden müssen. Dazu dienen als hauptsächliche Grundlage zwei Werke:

- Erwin Gatz (Hrsg.), Geschichte des kirchlichen Lebens in den deutschsprachigen Ländern seit dem Ende des 18. Jahrhunderts. Band VI: Die Kirchenfinanzen, Freiburg (Herder-Verlag) 2000. Erwin Gatz ist Herausgeber dieser Reihe, hat aber selbst viele Beiträge zum Thema dieser Untersuchung geschrieben.
- Klaus Gotto, Konrad Repgen (Hrsg.), Die Katholiken und das Dritte Reich, Mainz (Matthias-Grünewald-Verlag), 3. Aufl. 1990
- Weitere Daten zu einzelnen Einrichtungen, Personen und Ereignissen wurden dem Internet entnommen.

Es wird nicht beabsichtigt, neue geschichtliche Erkenntnisse zu präsentieren. Es geht darum, die wesentlichen Zusammenhänge aufzuzeigen. Dabei erweist sich, dass, wie in vielen Bereichen, die „äußeren" Verhältnisse den inneren, spirituellen Zustand maßgeblich beeinflussen, ja wirkliche Reformen verhindern.

2 Geschichtlicher Rückblick von den Anfängen bis zur Säkularisation

2.1 Die Gemeindekirche und die Konstantinische Wende

Bis zur Konstantinischen Wende haben die Christen von ihren privaten Mitteln gelebt, die sie durch Arbeit oder durch selbstständige Unternehmungen oder aus ihrem Besitz hervorbrachten. Laut Apostelgeschichte und Briefen des Apostels Paulus praktizierten sie auch von Anfang an einen freiwilligen Ausgleich zwischen arm und reich und gaben Sach- und Geldspenden für die Aufgaben der Gemeinde oder stellten Häuser und Grundstücke zur Verfügung. Für besondere Nöte veranstalteten sie überregionale Sammlungen.

Im Laufe der ersten Jahrhunderte entwickelte sich daraus eine kirchliche Verwaltung der Spenden, die je nach den Einkommensverhältnissen in den Gemeinden auch größere Dimensionen annehmen konnte, wie z. B. in Rom, der Hauptstadt des Römischen Reichs. Entscheidend war jedoch, dass die Verwendung der Gelder immer an die Zwecke der christlichen Gemeinde gebunden war, Unterstützung nur innerhalb der Gemeinschaft verteilt wurde, und jegliche versuchte Einflussnahme durch den Staat strikt abgelehnt und unterbunden wurde. Es ging also immer um die Versorgung der Armen und der Witwen in der Gemeinde, den Loskauf von aus ihren Reihen stammenden Gefangenen und die Unterstützung von Gemeinden, die wirtschaftliche Probleme hatten, in anderen Gebieten des Reichs. Vergehen, wie etwa private Unterschlagungen von Kirchenvermögen, wurden als Vergehen gegen die Gebote Gottes, wie die Zehn Gebote, eingestuft und geahndet. Es kann hier nicht näher auf die – oft wenig bekannten – Verhältnisse in den ersten drei Jahrhunderten eingegangen werden. Interessierte können sie z. B. in einem Aufsatz von Reinhart Staats, „Depostita pietatis –

Die Alte Kirche und ihr Geld", Mohr Siebeck, Zeitschrift für Theologie und Kirche, Vol. 76, No. 1 (1979), S. 1–29, nachlesen.

Im vierten Jahrhundert, ab dem Zeitpunkt, als das Christentum zur Staatsreligion im Römischen Reich erklärt wurde, trat auch der Staat zusätzlich als Geldgeber auf, besonders wohl für die Finanzierung großer Kirchenbauten und für den Unterhalt der Bischöfe und sonstiger Repräsentanten. Die meisten Kaiser ab Konstantin sahen in der christlichen Kirche ein Mittel zum Zusammenhalt des Reichs und griffen deshalb auch in innere Vorgänge der Kirche ein, wenn sie das in der politischen Lage für notwendig hielten, so wie z. B. beim ersten Konzil von Nizäa im Jahr 325. Durch diese Verknüpfungen und die enge Zusammenarbeit von Kirche und Staat entwickelte sich eine reine Staatskirche. Dagegen wandten sich die entstehenden Reformbewegungen, die zurückwollten zur freiwilligen Kirche des Anfangs. Das Konzept einer Staatskirche widerspricht eindeutig dem biblischen Grundsatz, der auf Jesus selbst zurückgeht und sich aus seiner Aussage zur Steuerfrage ergibt: „Gebt dem Kaiser, was des Kaisers ist, und Gott, was Gottes ist." Die Staatskirchentradition wirkt in die meisten orthodoxen Kirchen des Ostens bis heute fort, hat aber auch nach der Reformation die evangelischen Landeskirchen in Europa beeinflusst.

2.2 Das Mittelalter

Für die Gesellschaft des Mittelalters – von der Forschung etwa vom 6. bis zum 15. Jahrhundert angesetzt – war seit der Karolingerzeit in West- und Mitteleuropa der christliche Glaube zwar selbstverständlicher Bestandteil des Lebens aller Bürger, jedoch hat die Frage der Trennung des „weltlichen vom geistlichen Schwert" die Auseinandersetzungen jahrhundertelang geprägt und zu entscheidenden theologischen Erkenntnissen geführt. Es wurde als Grundsatz – zumindest theoretisch – geklärt, dass die staatlichen Herrscher zwar christlich waren, dass sie aber nicht über Glaubensfragen in der Kirche bestimmen konnten, und dass die Kirche andererseits auch keine politischen Entscheidungen zu treffen hatte. Zur Finanzierung der Kirche entwickelte sich im Lauf des Mittelalters ein System von Benefizien, d. h. die Nutzung von einmal gestifteten Besitztümern, die langsam anwuchsen, als Grundlage für den Unterhalt der Priester und des gesamten Bereichs des Kults. Hinzu kamen, wie schon in der gesamten Zeit der Kirche seit ihrem Bestehen, die Beiträge der Gläubigen selbst, die als Zehnt bezeichnet wurden, sowie Spenden und Sammlungen für bestimmte Zwecke. So wurde in München, dessen Bevölkerung um 1300 etwa einer heutigen Kleinstadt entsprechen würde, die riesige Frauenkirche, die heute als Dom der Diözese dient, von der selbstverständlich katholischen Bürgerschaft erbaut.

Aus reichspolitischen Gründen der Kaiser, die zu ihrer Unterstützung unabhängige und nicht an Dynastie, Familie und Nachkommen gebundene Herrscher brauchten, kam es zur Entstehung von geistlichen Fürstentümern, in denen der Bischof bzw. der Abt gleichzeitig Landesherr war. In den Besitztümern der Klöster profitierten die abhängigen Bauern oft von den fortschrittlichen landwirtschaftlichen Techniken, die die Brüder einführten. Die „geistlich" geführten Länder umfassten im Vergleich zu den „weltlichen" aber nur einen geringeren Teil des Gebiets des Deutschen Reichs, der zwar bedeutsam, aber von der Fläche her gesehen nicht überwiegend war. In diesen von Kirchenfürsten geführten Staaten waren Religion und Staat allerdings nicht getrennt. Insgesamt wurden die Herrscher, ob weltlich oder geistlich, zusammen mit den aufblühenden Handelsmetropolen immer reicher bei einer überwiegend armen Bauernschaft. Die ab dem zwölften Jahrhundert entstehenden Bettelorden prangerten durch ihr Gegenzeugnis diese gesellschaftliche Fehlentwicklung als unbiblisch an und versuchten im Sinn des christlichen Glaubens, lange vor Martin Luther, eine Reform herbeizuführen, wobei sie selbst auf Besitz verzichteten.

2.3 Von der Reformation bis zur Säkularisation

Die berechtigten theologischen Anliegen der 1517 einsetzenden Reformation gerieten durch die politische Entwicklung bald in die Hände der Fürsten, die eine größere Unabhängigkeit vom Kaiser anstrebten. Dadurch vermischte sich wieder Politik und Kirche in theologisch unstatthafter Weise. Im Laufe der Religionsauseinandersetzungen wurden die Untertanen gezwungen, den Glauben des Landesherrn anzunehmen (cuius regio, eius religio).

Im Lauf der Renaissance und des Barocks trat, beginnend mit den Bauernkriegen, die Frage der materiellen Befreiung und Aufwertung der abhängigen Bevölkerungsschichten immer mehr in den Vordergrund. Da die Kirche in dieses gesellschaftliche System voll eingebunden war, traf sie der Zorn der Aufständischen ebenso wie die anderen Herrscher, und sie konnte deshalb ihren grundsätzlich abweichenden Ansatz vom Beginn des Christentums her nicht mehr zu Geltung bringen.

Die ab dem 18. Jahrhundert als Aufklärung bezeichnete Bewegung hat konsequenterweise für jeden Menschen die absolute Religionsfreiheit gefordert. Ihre Vorreiter, wie z. B. der berühmte Philosoph und Schriftsteller Voltaire, kämpften für die Gleichheit der Menschen und gegen die Verbindung von Macht und Religion in der katholischen Kirche, die damals in Frankreich großen Einfluss auf die Politik ausübte. Schon zu Beginn des 18. Jahrhunderts gab es an vielen anderen Orten Europas Forderungen und Ansätze, die weltliche Herrschaft, also den Staat, und die Religionsausübung strikt zu trennen.

2.4 Die Säkularisation

Die Forderung der Trennung von Staat und Kirche setzte die Französische Revolution ab 1789 so radikal durch, dass in Frankreich innerhalb kurzer Zeit alle kirchlichen Besitztümer vom Staat ersatzlos requiriert wurden. Da Napoleon dann im Verlauf seiner Eroberungspolitik die Unterstützung der Kirche brauchte, übernahm er wenige Jahre später von Staats wegen die Kosten der zu dieser Zeit besitzlosen katholischen Kirche, die Bezahlung der Priester und die Sachkosten.

In den süd- und westdeutschen Teilstaaten des sich auflösenden Deutschen Reichs, die durch die militärischen Siege Napoleons immer mehr unter seinen Einfluss gerieten, setzten bald Bestrebungen ein, diese Enteignung der Kirche nachzuahmen. Der konkrete Anlass ergab sich, als alle linksrheinischen Gebiete nach dem Friedensschluss von Lunéville 1801 an Frankreich fielen und dadurch den deutschen Fürstentümern große Gebiete verloren gingen. Als Ersatz wurden durch den zwei Jahre lang in Regensburg tagenden Reichsdeputationshauptschluss (RDHS) alle geistlichen

Fürstentümer im rechtsrheinischen Teil des Deutschen Reichs bis 1803 aufgelöst und an die verbleibenden Staaten verteilt, was als „Säkularisation"
in die Geschichte eingegangen ist. Die Staaten kassierten auch den Besitz
und fast alle Benefizien der Bischofsstühle sowie den gesamten Besitz der
Abteien, die sie größtenteils auflösten. Nur die Benefizien der nicht ordens-
geführten Pfarreien, d. h. der Unterhalt der Pfarrer und der Pfarreien unter
Leitung von Priestern der Diözesen, die aber nur etwa die Hälfte aller Pfarreien ausmachten, blieben erhalten. In allen verbliebenen deutschen Teilstaaten betrug der Zuwachs aus den im Rahmen der Säkularisation erhal-
tenen Ländern und sonstigen Einnahmen ein Mehrfaches ihrer Verluste an
Gebieten an Frankreich.

Zusammenfassend lässt sich sagen, dass im Mittelalter im Bereich der
katholischen Kirche zwar keine Einheit von Kirche und Staat vorhanden
war, die Kirche jedoch in vielerlei Hinsicht vom und auch wie der Staat leb-
te und die Entscheidungsbereiche nicht klar getrennt waren. Die Reformbewegungen hingegen beriefen sich auf das Wissen, dass die christlichen
Gemeinden sich ursprünglich unabhängig vom Staat finanzieren mussten,
was durch die Tatsache bestätigt wurde, dass es viele religiöse und soziale
Anliegen gab, die überhaupt erst durch die Spenden der Gläubigen zustande
kamen, wie z. B. die Finanzierung großer Kirchen, Hospize, Krankenhäuser
und Wallfahrten.

3 Kirchenfinanzierung von der Säkularisation bis zur Weimarer Republik

3.1 Die ersten Konkordate

Neben den bekannten enormen Verlusten an Kulturgütern fiel durch die, je nach Ort und Herrschaft mehr oder minder radikale Säkularisation, ein großer Teil des Einkommens der Kirche in kurzer Zeit weg. Der Vorgang hat jahrhundertealtes Eigentumsrecht missachtet, stellt also juristisch gesehen schweres Unrecht dar. Um die Folgen dieses Unrechts aufzufangen, kam es in den Einzelstaaten nach dem Ende der napoleonischen Herrschaft zu Verhandlungen zwischen den jeweiligen Regierungen der einzelnen, verbliebenen Staaten und der Kirche. Da es das Reich nicht mehr gab, zeitigten die Verhandlungen, je nach Staat, unterschiedliche Ergebnisse.

Am bekanntesten und am besten erforscht sind die Vorgänge im Königreich Bayern. Das Volk auf dem Land war noch sehr an die Kirche gebunden, und auch für das jahrhundertealte Herrschergeschlecht der Wittelsbacher war die christliche Kirche (nun evangelisch, reformiert, oder katholisch) ein nicht wegzudenkender Teil der Gesellschaft. Der erste Vertrag des Heiligen Stuhles mit dem Königreich Bayern, Konkordat genannt, wurde 1817 abgeschlossen. In diesem Konkordat wurde auf die vermögensrechtlichen Verpflichtungen, die das Königreich Bayern im RDHS von 1803 durch die Enteignungen übernommen hatte, Bezug genommen und eine Dotation in Gütern und Kapitalfonds vereinbart, deren jährliche Einkünfte den bischöflichen Stühlen und den anhängenden Zentraleinrichtungen einen angemessenen Lebensunterhalt bzw. eine Finanzierung ermöglichen sollten. Die Pfarreien konnten weiter aus ihren, durch die Säkularisation größtenteils nicht angetasteten, Benefizien und dem je nach Möglichkeit weiterhin abgeführten Zehnten der Gläubigen leben.

Die Verhandlungen über die Dotationen, die spätestens in einem halben Jahr geregelt sein sollten, blieben dauerhaft ergebnislos. Es blieb ein hängendes Verfahren bis zum nächsten Konkordat von 1924 und über die Gründung der Bundesrepublik 1949 hinaus bis heute! In jedem neuen Vertrag wurde die Absicht geäußert, die Dotation bzw. die Ablösung der Leistungen durch eine Einmalzahlung durchzuführen, aber nie umgesetzt. So werden bis heute regelmäßig jährlich diverseste „Staatsleistungen" als Ersatz für die eigentlich vereinbarte einmalige Kompensation der Enteignung bei der Säkularisation vor mehr als 200 Jahren bezahlt. Die katholische Kirche in Deutschland hat sich an diese Staatsleistungen gewöhnt, da sie sicherer sind als die möglicherweise gewinnbringenden, aber auch risikobehafteten und mit Arbeit verbundenen Investitionen eigenen Vermögens. Damit besteht in diesen Bereichen eindeutig eine Staatsfinanzierung der Kirche und damit eine Abhängigkeit vom Staat. Die Staatsleistungen haben, wie im Folgenden dargelegt, in ihrer Bedeutung etwas abgenommen, aber sie zeigen eine Grundtendenz, die sich dann in der Kirchensteuer fortgesetzt hat. Seit einigen Jahren gibt es allerdings eine zunehmende öffentliche Diskussion darüber, diese Leistungen entweder ersatzlos zu beenden oder abzufinden. In den neuen Bundesländern wurden dazu auch schon Schritte unternommen. Ein Antrag der Oppositionsparteien im Bundestag im Jahr 2021 wurde von den regierenden Parteien ohne Diskussion abgelehnt, wird aber voraussichtlich mit anderen Regierungsmehrheiten wieder aufleben.

3.2 Die Erfindung der Kirchensteuer

Im 19. Jahrhundert begann in Deutschland die Industrialisierung, die mit einer Verstädterung und der Entstehung von stark wachsenden Zentren einherging. Der Finanzbedarf der Kirche stieg dadurch an; auch durch das soziale Engagement, das sich aus dem Grundauftrag der Kirche als brüderliche Gemeinschaft ergab, nahm dieser zu. Das Land Preußen führte deshalb schon mit dem Allgemeinen Landrecht 1794 die gesetzliche Möglichkeit zur Erhebung von kirchlichen Pflichtabgaben ein. Davon hat die katholische Kirche keinen Gebrauch gemacht, da sie zu Recht keine Zwangsabgaben erheben wollte und auch merkte, dass die durch die Steuergesetzgebung notwendige Gründung von nach staatlichem Recht konstituierten Kirchengemeinden nicht dem Kirchenrecht entsprach.

Die Idee mit der Kirchensteuer gewann dann im Bereich des neu gebildeten Zweiten Deutschen Reichs unter Bismarck an Fahrt. Sie war gedacht als Ergänzung und Ersatz der andauernden staatlichen Zuwendungen. Als Pflichtsteuer musste sie vom Staat verordnet und eingezogen werden. Dies hatte gegenüber freiwilligen Gaben, wie z. B. dem Zehnten der früheren Zeiten, den Vorteil, dass es ein sicherer, da erzwungener Beitrag war, auf den man sich verlassen konnte. Dadurch konnten dann die Staatsleistungen verringert werden und der Staat hatte auch gleichzeitig einen Zugriff auf die Steuern bzw. konnte mitreden bei Größe und Verwendung der Gelder. Die katholische Kirche war anfangs gegen diese Art der Finanzierung, da sie, als staatlich eingetriebene und bei Zahlungsverzug gerichtlich einklagbare Steuer, nicht mit den christlichen Prinzipien der Freiwilligkeit und dem kanonischen Recht vereinbar war. Aber auch hier hat man sich bald gut an die immer reichlicher fließenden Geldströme gewöhnt. Das erste große Land, das die Kirchensteuer fakultativ einführte, war im Jahr 1875 Preußen, wo die Steuer im Kulturkampf noch gegen die katholische Kirche durchgesetzt werden musste. Die anderen Länder folgten bis zum Ersten Weltkrieg mit ähnlichen Gesetzen. Zusammenfassend kann man sagen, dass die Entstehung der Kirchensteuer auf staatliche Bedürfnisse zurückgeht, weil sie gut in die wachsende Verwaltung eingepasst werden konnte und sichere Einnahmen brachte. Kirchlich hat sie deshalb von Anfang an gut mit dem Ansatz der evangelischen Landeskirchen harmoniert. Sie führte zu einer weiteren engen Bindung der großen Kirchen an den Staat.

3.3 Die Regelungen der Weimarer Verfassung

In der Weimarer Verfassung von 1919 musste die Beziehung zur Kirche, die bisher Sache der Länder war, auch von der neuen zentralen Republik geregelt werden, die Rechtsnachfolger des Reichs war. Es gab damals vonseiten der linken Parteien große Bestrebungen, Staat und Kirche radikal zu trennen. Die Mehrheitssozialisten (in etwa die heutige SPD), die kein kommunistisches System wie in Russland einführen wollten, waren aber bei der Regierung auf Koalitionspartner aus der Mitte angewiesen. Die bestand maßgeblich aus dem katholischen Zentrum und der dem Zentrum nahestehenden Bayerischen Volkspartei (BVP). Deshalb musste bei der Gestaltung der Weimarer Verfassung ein Kompromiss gesucht werden. Es kam dadurch, obwohl die kirchliche Observanz in Deutschland deutlich nachgelassen hatte, zu einer Regelung, die viele Privilegien der großen Kirchen erhalten hat:

- Anerkennung der Kirchen und Religionsgemeinschaften als Körperschaften des öffentlichen Rechts. Daraus ließ sich das Besteuerungsrecht ableiten sowie auf der anderen Seite ein Kontrollrecht des Staates hinsichtlich des kirchlichen Finanzwesens.
- Erhalt der Verpflichtung zu den, auf historischen Rechten seit der Säkularisation beruhenden, Staatsleistungen, die zwar abgelöst werden sollten, was aber, wie schon dargelegt, kaum geschah.
- Religionsunterricht als ordentliches Lehrfach an öffentlichen Schulen.
- Die theologischen Fakultäten an den staatlichen Universitäten blieben erhalten.

Es sind dies nur die wichtigsten Festlegungen. Es entstand somit für die ganze Republik ein einheitliches gemischt staatlich-kirchliches Steuersystem. Auch die Besoldung der Priester und der Angestellten der Kirchen hat sich im Lauf der Zeit mehr oder weniger an die staatliche Beamtenbesoldung angepasst.

Anhand dieser Grundlinien wurden im Laufe der Jahre bis 1933 einzelne Länderkonkordate mit dem Heiligen Stuhl abgeschlossen, die vor allem die Fragen der Schulen, des Religionsunterrichts, der Lehrerausbildung und der theologischen Fakultäten an den Hochschulen regelten. Ein avisiertes Reichskonkordat kam in der Zeit der Weimarer Republik nicht mehr zustande, da die Meinungen der vielen Parteien zu divergierend waren.

4 Die katholische Kirche und der Nationalsozialismus

4.1 Die anfängliche Haltung der Kirche zum Nationalsozialismus

Um die weitere Entwicklung von Staat und Kirche einordnen zu können, muss auf die Frage der Beziehung der katholischen Kirche zum Nationalsozialismus eingegangen werden.

Nach dem Ersten Weltkrieg entwickelten sich starke Kräfte sowohl auf der linken Seite mit Annäherungen an den Bolschewismus in Russland als auch auf der rechten Seite mit radikal-nationalem Hintergrund. Beide Seiten waren, etwas vereinfacht gesagt, kirchenfeindlich. Der Heilige Stuhl sah die Hauptbedrohung für Europa und die Kirche allerdings im Kommunismus.

Das Programm, das die Nationalsozialisten unter Hitler entwickelten, mit der Rassenideologie als Grundlage und dem Ziel der Gewinnung von Lebensraum für das überlegene deutsche/germanische Volk, war ebenfalls eindeutig widerchristlich und antikirchlich. Deshalb warnte die Mehrheit des deutschen Episkopats vor der NSDAP. Die Haltung war aber nicht einheitlich, sie reichte von der Aussage, dass kein Katholik Mitglied der Partei werden dürfe, und der Verweigerung von Sakramentenspendungen für dezidierte Vertreter der Partei bis zu einzelnen Bischöfen, die ein deutliches Wohlwollen gegenüber den Zielen der NSDAP zeigten, wie z. B. Erzbischof Conrad Gröber von Freiburg – zumindest in den Anfangszeiten. Im Gesamten war aber die Haltung – auch des gläubigen Kirchenvolkes – so, dass bei den freien Wahlen am 31. Juli 1932 die Nationalsozialisten, obwohl sie bei dieser Wahl die stärkste Partei in Deutschland wurden, in Gebieten mit überwiegend katholischer Bevölkerung weitaus geringere Erfolge erzielten als in überwiegend evangelischen Gebieten. Der einfache Katholik war sich bewusst, dass Hitler im Grunde gegen die Kirche eingestellt war, auch wenn er das meist geschickt verbergen konnte.

4.2 Beteiligte an der Entstehung des Konkordats

Völlig überraschend kam es wenige Monate nach der Ernennung Hitlers zum Reichskanzler am 30. Januar 1933 – von den Nationalsozialisten als „Machtübernahme" bezeichnet –, nämlich ab April 1933, zu Verhandlungen, und dann sehr schnell, schon am 20. Juli, zum Abschluss des Reichskonkordats mit dem Vatikan. Dieser Vorgang wird geschichtlich äußerst konträr diskutiert. Die Darlegung hier kann sich im Wesentlichen nur auf die Grundlinien und das Ergebnis konzentrieren, ohne auf die eine oder andere Theorie von Historikern näher einzugehen. Es sind die vier Seiten, die betrachtet werden müssen:

- Die Nationalsozialisten:
  Für sie war der Abschluss eines Konkordats mit der katholischen Kirche erwünscht, da internationale Glaubwürdigkeit gewonnen werden musste. Dafür setzte sich auch der anfängliche Vizekanzler im Kabinett Hitler, Franz von Papen, ein, der aus dem konservativ-monarchistischen Flügel des katholischen Zentrums stammte und ein Gegner der meisten anderen Abgeordneten des Zentrums und des letzten Reichskanzlers Heinrich Brüning war. Letzterer hatte, solange er an der Regierung war, eine Regierungsbeteiligung der NSDAP stets verhindern können.
  Zu Beginn der Verhandlungen war ein weiterer wichtiger Grund für die NSDAP, das Konkordat anzustreben, dass, ähnlich wie in den Lateranverträgen des Vatikans mit Mussolini von 1929 in Italien, festgelegt werden sollte, dass katholische Priester keine politischen Ämter mehr einnehmen durften. Diese Festlegung war gegen den politischen Katholizismus, d. h. das Zentrum, gerichtet, dessen Vorsitzender damals Prälat Kaas war, einer von den sogenannten „Zentrumsprälaten".
  Zudem sollten zuerst die anderen Gegner der Nationalsozialisten beseitigt werden. Deshalb suchte Hitler vorerst Ruhe aufseiten der katholi-

schen Kirche. Er schlug in seiner Regierungserklärung am 23. März 1933 sehr moderate Töne an und kam den Forderungen der Kirche überraschend weit entgegen. Dies führte dann möglicherweise auch dazu, dass das Zentrum und die BVP dem berüchtigten Ermächtigungsgesetz, das die letzten demokratischen Bremsen löste, zustimmten.

- Der Heilige Stuhl:
Die maßgeblichen Personen des Vatikans waren sich eigentlich im Klaren, dass die Nationalsozialisten der Kirche nicht wohlwollend gegenüberstanden, meinten aber, dass es richtig wäre, die Chance zu ergreifen, endlich zu einem Konkordat zu kommen, das man in der Zeit der Weimarer Republik nicht erreicht hatte. Papst Pius XI. soll einmal gesagt haben, dass er, um nur eine Menschenseele zu retten, auch einen Pakt mit dem Teufel schließen würde. Man sah also die Chance, die katholische Bekenntnisschule absichern zu können und die katholischen Verbände vor der Auflösung zu retten und vor SA und Gestapo zu schützen. Viele Vertreter des Vatikans dachten außerdem, dass die Nationalsozialisten ein wichtiges Bollwerk gegen den bedrohlichen Kommunismus darstellten.

- Die deutschen Bischöfe:
Die deutschen Bischöfe, die noch bis zum Januar 1933 in der Mehrzahl vor der NSDAP gewarnt hatten, waren nach dem Beginn der ersten Regierung mit Beteiligung dieser Partei unter dem Reichskanzler Hitler – der nun die legale Obrigkeit war – völlig überrascht und kamen zu keiner einheitlichen Haltung. Der Vorsitzende der Fuldaer Bischofskonferenz, Kardinal Bertram von Breslau, entschloss sich nach der vorher erwähnten Regierungserklärung vom 23. März zu einer nicht abgesprochenen, überstürzten „Vertrauenserklärung" schon am 28. März, was für die Gläubigen eine Kehrtwendung darstellte. Viele zentrumstreue Katholiken nahmen diese Erklärung mit großem Unverständnis auf und fühlten sich verraten.
In Bezug auf die Konkordatsverhandlungen war die Einflussnahme der Bischöfe – wohl auch wegen ihrer sehr divergenten Ansichten untereinander und fehlender Absprachen – im Endergebnis gering.

- Das Zentrum:
Ebenso wie alle anderen Parteien stand das Zentrum von Anfang an auf der Liste der auszulöschenden Parteien und Bewegungen. Es hatte

aber auch einen kleinen rechten Flügel, der sich eine Zusammenarbeit mit den Nationalsozialisten vorstellen konnte und war so – offensichtlich mit fortschreitender Regierung von Adolf Hitler – nicht mehr in der Lage, eine geschlossen-dezidierte Haltung einzunehmen. Inwieweit der Vorsitzende, Prälat Kaas, der an den Konkordatsverhandlungen teilnahm, einen entscheidenden Einfluss ausgeübt hat, ist unklar. Es ist auch in der historischen Forschung umstritten, ob die dann am 5. Juli 1933 erfolgte Selbstauflösung des Zentrums ursächlich mit dem Abschluss des für die Kirche (angeblich) günstigen Konkordats zusammenhing. Unabhängig davon muss man wohl davon ausgehen, dass auch eine stärkere Gegenwehr des Zentrums den Gang der Dinge nicht verhindert hätte. Prälat Kaas verließ jedenfalls schon am 8. April Deutschland in Richtung Vatikan und kehrte nie mehr zurück, Heinrich Brüning konnte sich später noch ins Exil in die USA retten.

Insgesamt konstatieren viele Historiker, dass das Verhalten des politischen Katholizismus (Zentrum und BVP), des Episkopats als Ganzes und des Vatikans im Frühling und Frühsommer 1933 nicht genügend kausal miteinander verknüpft war. Diese fehlende Koordination kam der Hitlerregierung sehr entgegen und führte zu dem von manchen Fachleuten als „Geniestreich" Hitlers bezeichneten Konkordatsabschluss.

4.3 Die Bedeutung des Reichskonkordats vom 20. Juli 1933

Die Unterschrift unter den Vertrag leisteten für den Heiligen Stuhl der Kardinalstaatssekretär und spätere Papst Pius XII., Eugenio Pacelli, der wohl auch die treibende Kraft vonseiten der Kirche war, und für das Deutschen Reich Vizekanzler Franz von Papen. Die Kirche behielt – dem Papier nach – fast alle bisherigen Rechte als vom Staat unabhängige Religionsgemeinschaft und genoss weiterhin viele Privilegien. Die in den Jahren zuvor abgeschlossenen Länderkonkordate mit Bayern, Preußen und Baden behielten ihre volle Gültigkeit. Das Konkordat ist kompakt, hat nur 34 Artikel und ein Schlussprotokoll (alles auf lediglich 10 Seiten). Es kann im Internet auf den vatikanischen Archivseiten problemlos eingesehen bzw. ausgedruckt wer-

den, ist aber auch als ANLAGE 1A am Ende des Buches beigelegt. Es wird
hier nur auf die grundlegenden Punkte eingegangen:
- Für die Nationalsozialisten war von Bedeutung:
  In Art. 32 wurde die Parteimitgliedschaft von Geistlichen verboten. Da
  sich aber das Zentrum zum Zeitpunkt des Vertragsabschlusses eh schon
  aufgelöst hatte, hatte das keine weiteren Folgen. Auch hat die Kirche
  selbst später mehr und mehr erkannt, dass die Mitwirkung von Geistlichen in Parteien nicht ihrem Auftrag entsprach.
- Erfolge bzw. scheinbare Erfolge für die Kirche:
  Es konnten weiter katholische Bekenntnisschulen geführt und neu errichtet werden (Art. 23), deren Lehrer der katholischen Kirche angehören
  mussten und eine entsprechende katholische Ausbildung erhalten sollten
  (Art. 24). In allen Schulen konnte Religionsunterricht nach Maßgabe der
  Bischöfe erteilt werden (Art. 21). Kirchliche Institutionen durften Pri-
  vatschulen führen (Art. 25). Hier und in vielen anderen Artikeln ist der
  Staat im Laufe der nächsten Jahre immer repressiver geworden und hat
  das Konkordat mehr und mehr gebrochen. So wurde zum Beispiel die
  „Deutsche Gemeinschaftsschule" zur Regel erklärt und auch überwiegend durchgesetzt. Nach Meinung von Staatsrechtlern hätte der Heilige
  Stuhl das Konkordat wegen der vielen Verstöße des Staates eigentlich
  kündigen können. Das erfolgte nicht, da man immer hoffte, dass man
  Schlimmeres verhindern könne. Ein wichtiger Protagonist dieser Haltung war der Vorsitzende der Fuldaer Bischofskonferenz und Erzbischof
  von Breslau, Kardinal Adolf Bertram, der noch 1940 im Namen der Kon-
  ferenz eine Ergebenheitsadresse zu Hitlers Geburtstag schickte. Es würde zu weit führen, hier die sehr verschiedenen Reaktionen der einzelnen
  Bischöfe darzulegen. Dazu gibt es viele Veröffentlichungen.
  Kirchliche Organisationen, die nicht politisch tätig waren, waren nach
  Art. 31 in ihren Einrichtungen und in ihrer Tätigkeit geschützt. Auch
  dieser Artikel wurde immer mehr vom Staat ignoriert, sodass gegen Ende der nationalsozialistischen Herrschaft fast alle katholischen Organisationen verfolgt wurden und einige von ihnen in den Untergrund gehen
  mussten.
- Festlegungen mit finanziellen Folgen:

- o Die Kirche und ihre Untergliederungen bleiben Körperschaften des öffentlichen Rechts (Art. 13).
- o Die Staatsleistungen (s. vorher bei der Säkularisation) bzw. ihre Ablösung werden garantiert (Art. 18).
- o Die katholisch-theologischen Fakultäten an den staatlichen Hochschulen bleiben erhalten und werden damit auch vom Staat bezahlt (Art. 19).
- o Das Recht der Kirche, Steuern zu erheben, bleibt gewährleistet (Ergänzung im Schlussprotokoll zu Art. 13).
- Eingliederung und Indienstnahme der Kirche durch den Staat:
- o Geistliche genießen in gleicher Weise wie Staatsbeamte den Schutz des Staates (Art. 5).
- o Amtseinkommen der Geistlichen sind in gleichem Maße von der Zwangsvollstreckung befreit wie Amtsbezüge der Reichs- und Staatsbeamten (Art. 8).
- o Der Gebrauch geistlicher Kleidung durch Laien unterliegt staatlicherseits den gleichen Strafen wie der Missbrauch der militärischen Uniform (Art. 10).
- o Bischöfe können nur ernannt werden, wenn der zuständige Reichsstatthalter keine Bedenken politischer Natur hat (Art. 14).
- o Bischöfe müssen einen Treueeid auf das Deutsche Reich schwören (Art. 16).
- o Im Religionsunterricht wird die Erziehung zu vaterländischem, staatsbürgerlichem und sozialem Pflichtbewusstsein gepflegt (Art. 21).
- o An den Sonntagen muss am Ende jedes Gottesdienstes ein Gebet für das Wohlergehen des Deutschen Reiches und Volkes eingelegt werden (Art. 30).

Es war im Ergebnis so, dass die Artikel, um die bei der Erstellung des Konkordats am heftigsten gerungen wurde, da sie vermeintliche Vorteile für die jeweilige Seite hatten, für die Zeit bis zum Kriegsende bedeutungslos waren, da sich der nationalsozialistische Staat sowieso darüber hinwegsetzte. Demgegenüber sollten die eher beiläufig übernommenen Artikel mit ihren finanziellen Folgen nach dem Krieg entscheidend werden. Ein Beispiel: Zur Vereinfachung des Einzugs der Kirchensteuer zusammen mit der Lohnsteuer durch das staatliche Finanzamt wurde 1935 erstmals die Religion des Steuerzahlers auf seiner Lohnsteuerkarte vermerkt. Viele der aufgelisteten Artikel erzeugten bzw. bestätigten eine starke Verknüpfung der Kirche mit dem Staat. So rückten die Priester weiter in die Richtung der Beamten.

Es wurde also eindeutig der Weg zu einer Kirche beschritten, die im Dienst des Staates steht bzw. sogar Teil davon ist. Bei der evangelischen Kirche war diese Taktik der Nationalsozialisten noch erfolgreicher als bei der katholischen Kirche. Der Eingliederungsversuch gegenüber der katholische Kirche wurde in der Zeit des Dritten Reichs von ihr selbst gebremst, da es einige mutige Bischöfe gab, die gegen die Rassenideologie und Verachtung des Judentums (Michael von Faulhaber 1933 in München), gegen die Euthanasie (Graf von Galen in Münster 1941) und gegen den Krieg insgesamt (Konrad von Preysing in Berlin) predigten, sowie Priester und gläubige Laien, die wegen zu freimütiger Äußerungen ins Konzentrationslager eingeliefert und dort so gefoltert wurden, dass sie sich anschließend nicht mehr äußerten, oder umgebracht wurden. Es gab katholisch geprägte Ortschaften in Deutschland, in denen sich die Nazis schwer taten, ihre Propaganda durchzusetzen. Allerdings hielten andere Bischöfe noch bis zum Schluss an ihrer regierungsfreundlichen Haltung fest, wie z. B. der bereits erwähnte Kardinal Bertram. Alle schwiegen auch zum Holocaust.

Das Konkordat wurde vom Deutschen Reich ratifiziert und ist im Reichsgesetzblatt vom 18. September 1933, Teil II, von den nationalsozialistischen Ministern Konstantin Freiherr von Neurath (Außenminister) und Wilhelm Frick (Innenminister) bekannt gemacht worden: siehe ANLAGE 1B. Zum selben Datum wurde in Teil I des Reichsgesetzblattes das Gesetz zur Durchführung des Reichskonkordats verkündet: siehe ANLAGE 1C. Hier haben der Reichskanzler Adolf Hitler und wieder die beiden Minister unterschrieben. Frick war von Anfang an ein harter Vertreter des Nationalsozialismus und treuer Vollstrecker aller unmenschlichen Verordnungen des Führers. Beide Minister wurden 1946 als Hauptkriegsverbrecher in den Nürnberger Prozessen angeklagt, Neurath wurde mit einer Haftstrafe von acht Jahren belegt, Frick zum Tode verurteilt und hingerichtet. Hitler hat bekanntlich kurz vor Kriegsende Selbstmord begangen.

In dem Gesetz wurde lediglich festgelegt, dass der Reichsminister des Inneren ermächtigt wird, „die zur Durchführung der Bestimmungen des Reichskonkordats erforderlichen Rechts- und Verwaltungsvorschriften zu erlassen". Interessanterweise wurden solche Vorschriften nie erlassen. Nach Ansicht von heutigen Verfassungsrechtlern berührt das aber nicht die innerstaatliche Geltung des Reichskonkordats, weil es „unmittelbar anwendbares Recht" darstelle.

5 Die Ausgangslage der Beziehung Kirche – Staat in der Bundesrepublik Deutschland

5.1 Die bestehende Gültigkeit des Konkordats von 1933

Mit dem Grundgesetz der Bundesrepublik Deutschland musste 1949 auch die Beziehung der Kirchen zum Staat geregelt werden. Wie zu erwarten, blieb die grundlegende Religionsfreiheit erhalten und auch sonst war keine grundsätzliche Änderung gegenüber der Weimarer Verfassung in Bezug auf die Religion intendiert.

Bei allen Gesetzen, die in den zwölf Jahren des „Dritten Reichs" erlassen worden waren, trat das Problem auf, dass der Übergang zur Naziherrschaft (von Historikern oft als „Machtergreifung" bezeichnet) durch die Notstandsgesetze, die Erlasse des damaligen Reichspräsidenten Hindenburg und vor allem das Ermächtigungsgesetz vom 24. März 1933 so gesetzeskonform abgelaufen war, dass die Gesetze der neuen Herrscher auch nach dem Sturz des Regimes als gültig angesehen werden mussten. Bei vielen dieser Gesetze wurde aber der neue Bundestag im Laufe der Zeit tätig, um sie durch demokratisch legitimierte Gesetze im Sinne der Verfassung zu ersetzen.

Beim Reichskonkordat von 1933 fand hier überraschenderweise keine grundsätzliche Änderung statt. In den frühen 50er-Jahren kam es zum Streit darüber, ob die Festlegungen des Konkordats bezüglich der Schulen (vor allem der Bekenntnisschulen) auch für die Bundesländer, die ja nach der Verfassung der Bundesrepublik die Kulturhoheit hatten, bindend seien. Es ging sogar um die Frage, ob das Konkordat überhaupt noch gültig sei, denn das bezweifelten einige Bundesländer. Das Urteil des Bundesverfassungsgerichts vom 23. März 1957 kam zu dem Ergebnis, dass es weiter fortbesteht, wenn auch, wie ein Kommentar sagt, die neue Verfassung seine „Bindungswirkung hinsichtlich der Länder vor dem Hintergrund veränderter staatlicher Kompetenzverteilung stark einschränkte". Auch hier betrifft die Einschränkung hauptsächlich die im vorherigen Abschnitt dargelegten Bestimmungen zur Schule und Lehrerausbildung. Die „öffentliche Bekenntnisschule in staatlicher Trägerschaft", auf die der Heilige Stuhl so viel Wert gelegt hatte, verschwand schon bis Ende der 60er-Jahre in den meisten Bundesländern relativ schnell als unzeitgemäß. Es gibt sie heute nur noch in Nordrhein-Westfalen und im ehemals oldenburgischen Teil von Niedersachsen. Auch hier mussten dauernd Korrekturen angebracht und Kompromisse geschlossen werden, da man auch „bekenntnisfremde" Schüler und Lehrer annehmen musste. Sogar die katholische Kirche selbst hat es nach dem Zweiten Vatikanischen Konzil nicht mehr für sinnvoll gehalten, sich für diese öffentlichen Bekenntnisschulen einzusetzen.

Vereinfacht dargestellt klärte das Verfassungsgerichtsurteil vom März 1957 also zwei Punkte:

1. Das Konkordat von 1933 gilt in der Bundesrepublik Deutschland immer noch, obwohl es zu einem Zeitpunkt und unter einer Regierung entstand, als demokratische Grundrechte nach den Werten der Verfassung von Weimar (und auch der späteren neuen Verfassung der Bundesrepublik Deutschland von 1949) außer Kraft gesetzt waren.
2. Die Bundesländer, die in der Verfassung von 1949 die Kultushoheit erhielten, brauchen sich in der Schulgesetzgebung nicht mehr an das Konkordat gebunden zu fühlen, da sie es ja nicht abgeschlossen haben.

So haben die Länder schon bald nach dem Zweiten Weltkrieg ihre Schulpolitik ohne Berücksichtigung der Festlegungen des Reichskonkordats gemacht. Durch den Rückgang der Anzahl der dezidiert katholischen Schüler verliert die Frage sowieso immer mehr an Bedeutung.

Es gab allerdings auch schon in den 50er-Jahren Bestrebungen von einzelnen politischen Parteien, z. B. der SPD und der FDP, die wegen der in vielerlei Hinsicht zweifelhaften Gültigkeit des Konkordats den Abschluss eines neuen Konkordats forderten. Eine Umsetzung dieser Gedanken, die im weiteren Verlauf Verhandlungen zwischen den Vertragspartnern – der Kirche und dem Staat – erfordern würden, wurden jedoch bisher nicht in

die Wege geleitet. Lediglich hob im „Gesetz zur Bereinigung von Bundes-
recht im Zuständigkeitsbereich des Bundesministeriums des Inneren vom
19. Februar 2006" unter vielen anderen Streichungen der Artikel 83 das
Gesetz zur Durchführung des Reichkonkordats von 1933 auf. Wie im vor-
hergehenden Abschnitt dargelegt, war dieses Gesetz der nationalsozialistischen Regierung insofern bedeutungslos, da unter seinem Geltungsbereich
nie Vorschriften erlassen worden sind. Die Begründung zum Gesetz von
2006 sagt demgemäß aus, dass im Zuge des Bürokratieabbaus Gesetze beseitigt werden, die ihre Bedeutung bereits verloren haben. Da es sich beim
Konkordat selbst um einen als völkerrechtlich eingestuften Vertrag handelt,
fühlt sich bei diesem bis heute Recht schaffenden Vertrag, der schon in der
Einleitung dieses Buches erwähnte Beauftragte für die Änderung von Gesetzen aus der Nazizeit offensichtlich nicht befugt, seine Aufhebung oder
Änderung zu fordern.

5.2 Die Konkordate in Italien und Spanien werden geändert

Ähnliche Konkordate aus der faschistischen Zeit, in Italien die Lateranver-
träge mit Mussolini 1929 und ein Konkordat in Spanien mit General Fran-
co, wurden in diesen Ländern durch ihre demokratischen Regierungen und
Parlamente längst durch neue Verträge ersetzt: Italien setzte den neuen Vertrag ab 1984 in Kraft, Spanien ab 1988. Kirche und Staat werden dort nun
deutlich getrennt, was sich auch in den Finanzfragen äußert: In beiden Ländern zahlt der Steuerzahler seine staatliche Lohn- bzw. Einkommenssteuer, von der ein sehr kleiner Prozentsatz als eine Art Kultursteuer definiert
ist, bei der der Bürger bestimmen kann, welcher kirchlichen oder kulturellen Organisation sie zugewendet wird. Diese Organisationen müssen vom
Staat genehmigt sein. Die Entscheidung, wem dieser Teil der Steuer zugewendet wird, ist unabhängig von der Religionszugehörigkeit des Steuerzahlers, er kann frei bestimmen. Die Steuer wird auch als „Mandatssteuer"
oder Kultursteuer bezeichnet. Auch Ungarn hat diese Art der Abgabe 1998
eingeführt. Alle Bürger zahlen damit gleich viel Steuer, unabhängig davon,
welcher Religionsgemeinschaft sie angehören oder ob sie ohne Bekenntnis
sind.

5.3 Weshalb das „Hitlerkonkordat" nie geändert wurde

Von einem moralischen Rechtsempfinden her erstaunt es außerordentlich, dass das mit dem größten Verbrecherregime der deutschen Geschichte abgeschlossene Konkordat nach fast 90 Jahren immer noch nicht durch einen, den geänderten Verhältnissen angepassten, Vertrag (viele Artikel sind, wie dargelegt, völlig überholt) mit der demokratischen Regierung ersetzt werden konnte. Die wirklichen Gründe, die hinter dieser unerklärlichen Tatenlosigkeit stehen, können nur finanzieller Natur sein. Man wollte, und will bis heute, die für die Einnahmen der Kirchen sehr günstige Regelung nicht in Gefahr bringen.

5.4 Eine Zusammenfassung der Entwicklung bis 1945

Die geschichtliche Entwicklung, die zur gesetzlichen Stellung der katholischen Kirche in der Bundesrepublik führte, war, vor allem in finanzieller Hinsicht, für sie vorteilhaft. Dazu möchte ich kurz rekapitulieren:

- Bei den ersten Konkordaten nach der Säkularisation 1803 hatten die Staaten wegen der unrechtmäßigen Enteignung von Kirchengut eine Bringschuld und wollten die Katholiken wieder besser behandeln als unmittelbar nach der Französischen Revolution. Insgesamt setzte in Europa eine gewisse Restauration ein. Außerdem waren die meisten Herrscherhäuser der konstitutionellen Monarchien damals noch der christlichen Religion verbunden. Man dachte wohl auch, dass die finanziellen Fragen durch Entschädigungszahlungen bald abgewickelt werden könnten. Dadurch waren die damals abgeschlossenen ersten Konkordate mit den einzelnen Ländern in der Regel vorteilhaft für die katholische Kirche.

- Kurz vor dem Kirchenkampf in Preußen unter Bismarck nach 1870 bildete sich eine kämpferische Partei, das Zentrum, das die Rechte der Katholiken engagiert verteidigte. Aber die ihnen ursprünglich vom Staat aufgezwungene, staatlich eingezogene Kirchensteuer erwies sich immer mehr als Geldsegen für die Kassen der Bistümer. Somit gab es dann bald kaum noch Personen, die sie abschaffen wollten, obwohl sie eindeutig dem Grundprinzip der Freiheit der Zuwendungen der Gläubigen widersprach.

- Bei den Verhandlungen zur Weimarer Reichsverfassung 1919 befand sich die parlamentarische Mitte in der Zwickmühle zwischen der extremen Rechten und der extremen Linken. Deshalb konnten die katholische Zentrumspartei und die BVP, die zusammen an die zwanzig Prozent Wählerstimmen erhielten, viele ihrer Forderungen durchsetzen. Es kam zu keiner deutlichen Trennung von Staat und Kirche, die Kirche behielt alle bisherigen Privilegien, wie z. B. dass die katholischen Fakultäten an den Universitäten weiter vom Staat unterhalten wurden.

- Beim Abschluss des Reichskonkordats 1933 mit den Nationalsozialisten befand sich die Kirche wieder in einer günstigen Situation, da sie nichts gegen die Auflösung der Zentrumspartei unternommen hatte (sie vielleicht sogar förderte?) und Hitler durch den Vertrag mit dem Heiligen Stuhl die Chance gab, vor der Weltöffentlichkeit als seriöser Politiker zu erscheinen. Hitler gab in fast allen Punkten nach, da er ja, wie sich erwies, nicht daran dachte, das Konkordat zu erfüllen, und nach dem gewonnenen Krieg die „Kirchenfrage" sowieso in seinem Sinn lösen wollte.

In diesen Zeiten von 1803 bis 1945 herrschten oft so schwierige Zustände für die Kirche und für den ganzen Staat, dass die gesetzlich bevorzugte Stellung der katholischen Kirche nicht realisiert werden konnte und diese Tatsache auch „nicht auffiel", da man mit anderen, viel drängenderen Problemen beschäftigt war. Zuerst mussten die großen Umwälzungen durch die Französische Revolution mit dem Verlust der Dominanz des christlichen Glaubens verdaut werden. Gleichzeitig ging es politisch darum, wer in Zukunft in Europa und der Welt „das Sagen" hatte, was eine Kette von kriegerischen Auseinandersetzungen hervorrief. Dann herrschte, im von Preußen dominierten Kaiserreich ab 1871, eine protestantische Staatsräson mit starkem militaristisch-nationalem Hintergrund. Die Katholiken wurden als Bürger zweiter Klasse angesehen und standen unter dem Verdacht, die geheime Kolonne des Papstes zu sein. Die Angriffe unter dem Kanzler Bismarck gegen die katholische Kirche waren elementar. In der Folge ergriff der Nationalismus in allen Ländern Europas immer mehr die Herrschaft und führte zur Katastrophe des Ersten Weltkriegs mit den nachfolgenden, zum Teil blutigen politischen Kämpfen um die Vorherrschaft, zum wirtschaftlichen Kollaps Deutschlands durch Kriegsschulden und Reparationszahlungen, zur ersten vollständigen Währungsentwertung und dann zur Weltwirtschaftskrise zu einem Zeitpunkt, als man dachte, dass jetzt alles besser werden würde. Das war die Grundvoraussetzung für die Machtergreifung der Nationalsozialisten, den Zweiten Weltkrieg und den Holocaust.

Wie erläutert konnte die katholische Kirche in all diesen Läufen der Politik und der Geschichte – durch Geschick oder Glück? – fast alle in Jahrhunderten angesammelten Vorteile in die Bundesrepublik Deutschland hinüberretten, die sich seit 1945 in einem nie gekannten Frieden und ab 1949 laufend ansteigenden Wohlstand befindet. In dieser Situation kamen die günstigen Verträge erst voll zur Wirkung. Aber es zeigten sich auch gewaltige, lebensgefährliche Nachteile für die Kirche im Inneren, auf die im Folgenden eingegangen wird.

6 Entwicklung von Kirche und Gesellschaft in der Bundesrepublik Deutschland nach 1945

6.1 Die Anfangsjahre

Unmittelbar nach dem Zweiten Weltkrieg wollten die Christen und ihre Bischöfe die neu gewonnene Freiheit im Sinn des Glaubens ausnützen. Viele Personen in verantwortlichen Stellungen hatten schwere und traumatische Erlebnisse hinter sich und gingen mit dem dadurch gewonnenen Ernst an den Wiederaufbau. Es schien einige Jahre so, als ob jetzt endlich alle positiven Ansätze aus der Zeit vor dem Krieg und in der Verfolgung ausgebaut werden könnten. Viele Reformideen wurden versucht. Das zweite Vatikanische Konzil ab 1963 veränderte die Grundlagen der Weltkirche und führte zu dem von Papst Johannes XXIII. gewünschten „Aggiornamento". Die Wirkung war einerseits ermutigend, andererseits bröckelt seit vielen Jahren die Zahl der praktizierenden Christen in vielen Ländern Europas immer mehr ab.

6.2 Die Gesellschaft

Die Zeit brachte neue politische bzw. gesellschaftliche Bewegungen hervor, die hier nur skizziert werden können: Die Studentenrevolte von 1968, den Terrorismus, die Anti-Atom-Bewegung, die Umweltschutzbewegung, um nur einige zu nennen. Der materielle Wohlstand der Bürger stieg in immer größere Höhen. Im gesellschaftlichen Mainstream werden heute geistliche Werte und Glaubensüberzeugungen relativiert, treten immer mehr in den Hintergrund. Der Glaube wird nicht mehr als absolut erachtet, es gibt verschiedene Wahrheiten, keine absolute mehr. Der Begriff des Religionspluralismus wird geprägt, er wird zum gewünschten Normalfall. Derzeit ist die Hauptstoßrichtung der „progressiven" Bevölkerungsgruppen gegen jegliche Art von Diskriminierung gerichtet und für die neu definierte Gendergerechtigkeit. Wer da Fragen zu bedenken gibt, wird seinerseits bereits diskriminiert. Der Wert des individuellen Erlebens und der individuellen Lebensanschauung werden über früher geltende – auch bereits oft in staatlichen Entscheidungen nicht mehr anerkannte – Werte bzw. Auffassungen gestellt. Dies drängt auch kirchliche Einstellungen an den Rand, sodass sie nur noch von einer Minderheit akzeptiert werden. Konservative Bestrebungen geraten schnell in den Geruch des Fundamentalismus. Die großen Medien und das Internet beherrschen die Meinungsbildung, damit hat auch die Manipulation von Meinungen Hochkonjunktur.

6.3 Die katholische Kirche als Behörde mit umfangreichem Budget

Die Lage der katholischen Kirche in Deutschland heute ist geprägt durch zwei grundlegende Gegebenheiten: Die vorher dargelegte hervorgehobene Stellung im Staat, die sich seit 1803 entwickelt und die großen Kirchen zu einer finanziellen Größe gemacht hat, die nach verwaltungstechnischen und wirtschaftlichen Gesichtspunkten geführt werden muss. Dies hat entsprechende Folgen für ihr Selbstverständnis. Als Zweites die theologischen Entwicklungen innerhalb der Kirche seit dem Zweiten Weltkrieg, die sich in den staatlichen Universitäten manifestieren. Beide beeinflussen sich gegenseitig.

Die Folgen der engen finanziellen Verknüpfung von Kirche und Staat: Die katholische Kirche erscheint heute wie ein Teil des Staates, da sie eine beamtenartige Struktur mit den entsprechenden bürokratischen Formen aufweist. Die Kirchensteuereinnahmen sind durch ihre Verknüpfung mit der Lohn- und Einkommenssteuer entsprechend gewachsen, sodass finanziell bisher kein Mangel herrscht und die ursprünglich christliche Solidarität mit dem Nächsten in der Gemeinschaft nicht erforderlich ist. Die sozialen Belange werden durch die großen wohltätigen Organisationen, wie die Caritas, abgedeckt. Ihre Finanzierung wird zwar durch Zuschüsse aus der Kirchensteuer der Diözesen grundgelegt, erfolgt aber, von den Gesamtkosten her gesehen, überwiegend durch ihre Gebühren und die für gemeinnützige Einrichtungen vorgesehenen Staatszuschüsse. Dasselbe gilt für die Schulen der bischöflichen Schulwerke, die fast alle ehemaligen Ordensschulen inzwischen übernommen haben. Andererseits haben diese kirchlichen Organisationen gegenüber privaten gemeinnützigen Einrichtungen den Vorteil, dass sie durch die Zuschüsse aus der Kirchensteuer weniger Gebühren verlangen können, also preisgünstiger sind. Die Differenz begleicht der Kirchensteuerzahler, ob er will oder nicht.

6.4 Ein Beispiel: Die Erzdiözese München und Freising

Eine der größeren Diözesen, wie München und Freising mit derzeit (2020) etwa 1,6 Millionen Katholiken, hat jährliche Einnahmen aus der Kirchensteuer von gut 600 Millionen EURO. Mit Einnahmen aus dem Kapital, Immobilien und sonstigen Einnahmen kommt sie derzeit auf mehr als 800 Millionen „Jahresumsatz". Die Bilanzsumme, also die Kapitalgrundlage, beträgt etwa 3,6 Milliarden bei gut 5000 Angestellten, von denen allein 1500 (also stattliche 30 %) laut Internetauftritt in „Organisationseinheiten des Erzbischöflichen Ordinariats" arbeiten. Die Geldbeträge entsprechen in etwa dem, was eine mittlere Großstadt, wie z. B. Augsburg, umsetzt. Als Unternehmung müsste man die Erzdiözese München und Freising nach EU- Empfehlung als Großunternehmen einstufen, das im Bereich der 300 größten Familienunternehmungen Deutschlands liegt. Interessant ist, dass von den 5000 Angestellten nur noch ungefähr 10 % Priester sind, also dem ursprünglichen „Zweck der Einrichtung" zugeordnet werden können. Das sind also nur etwa ein Drittel gegenüber den 1500 Personen in der seit Jahren wachsenden Verwaltung, die dem Erzbischöflichen Ordinariat zugeordnet werden!

Außerdem ist zu beachten, dass neben dem Haushalt des Erzbistums noch einige große kirchliche Stiftungen existieren, die das Kapital, über das der Bischof von München die Verfügungsgewalt hat, fast verdoppeln. Es ist also gut einzusehen, dass die Vermögensverwaltung den zentralen Bereich der Tätigkeit der Diözese ausmacht. Die Darstellung im Internet

ist inzwischen „transparent" gestaltet. Der christliche Sinn des so struktu-
rierten Großunternehmens wird nicht nur von Papst Franziskus bezweifelt,
der feststellen muss, dass der für die gesamte Weltkirche zuständige Vatikan weniger Personen beschäftigt – derzeit etwa 3000 Personen – als eine
größere Diözese in Deutschland. Außerdem beträgt das Jahresbudget des
gesamten Vatikans einschließlich seiner Nuntiaturen in der ganzen Welt sowie der Beiträge für die verfolgten Kirchen und die Diaspora nur etwa 300
Mio. €, was gut einem Drittel des Budgets der Erzdiözese München entspricht. Es spricht für die Presseabteilung des Ordinariats, dass sie es trotz
des gewaltigen Immobilienbesitzes und Budgets, trotz einer teuren Reno-
vierung des historischen Adelspalastes, in dem der Erzbischof wohnt und
arbeitet, und trotz einer neu erworbenen Residenz in Rom, geschafft hat,
nicht von der Presse angegriffen worden zu sein, während zu den Finanzen
des Vatikans in regelmäßigem Abstand kritische Artikel erscheinen.

Der näher Interessierte kann im Internet bei der ED München unter
Verwaltung nachsehen: Es ist eine sehr tief gestaffelte Organisation mit sie-
ben Ressorts, die in den darunter liegenden Strukturen Arbeitsplätze schafft
für Hauptabteilungsleiter, Abteilungsleiter, Fachbereichsleiter, Fachrefe-
renten, Fachstellenleiter, Beauftragte, Sachreferenten, Berater, Geschäftsführer von Kommissionen und zugeordneten Vereinen, Ansprechpartner
und viele diesen Personen zugeordnete Mitarbeiter. Der Einfachheit halber
wurde die weibliche Form der Funktionsbezeichnungen hier weggelassen.
In Wirklichkeit ist diese Seite mindestens paritätisch vertreten. Man wird
nicht fehlgehen mit der Vermutung, dass Bischöfe in vielen Fällen mit einer Unternehmung dieses Ausmaßes überfordert sind, da sie ja eigentlich
für die Seelsorge angetreten sind. Des Weiteren ist bei der gesamten Entwicklung des kirchlichen Sektors nicht mehr zu verheimlichen, dass die
scheinbar in ungeahntem Umfang vorhandenen Geldmittel und die damit
verbundenen Repräsentationsverpflichtungen in vielen Fällen die Verkündigung in den Schatten gestellt und die bischöfliche Leitung der Diözese
von ihrem Ziel abgelenkt haben, sich als erstes um den Glauben und das
Leben der ihnen anvertrauten Herde selbst zu kümmern.

6.5 Die Kirche vom Staat her gesehen

Der Staat ist mit dieser Aufstellung der Kirche als Körperschaft des öffentlichen Rechts und mit ihrer Finanzkraft bisher zufrieden, da er gegenüber einer rein staatlichen Lösung immer noch spart. Die Anforderungen an diese großen Organisationen sind durch die Gesetze des Staates grundgelegt, der Gleichheit fordert sowohl für die Angestellten als auch für die Personen, die von den Einrichtungen profitieren. Deshalb gab es inzwischen bereits häufig gerichtliche Auseinandersetzungen, wenn die Kirche besondere Anforderungen für das Personal durchsetzen wollte, die sich an den kirchlichen Geboten orientieren. Auch für die möglichen Nutzer (Empfänger, Kunden, Klienten) der Arbeit ihrer Organisationen können Festlegungen der Religionszugehörigkeit kaum mehr durchgesetzt werden. Keine dieser früheren Anforderungen wird auf Dauer haltbar sein, da die kirchlichen Organisationen als Körperschaften des öffentlichen Rechts den normalen staatlichen Gesetzen unterliegen, die sich in steigendem Ausmaß nicht mehr am christlichen Wertekodex orientieren. Somit findet eine schleichende „Einebnung" statt, der Unterschied zwischen staatlicher und kirchlicher Einrichtung verschwindet schrittweise immer mehr. Der Kirche, die ja, wie im historischen Rückblick erläutert, für die Bedürftigen in ihren Reihen in beispielhafter und die europäische Kultur prägender Weise gesorgt hat, werden ihre spezifischen Möglichkeiten derart verbaut und verwässert, dass ihr Auftrag nicht mehr erkennbar ist. Hinzu kommt der Mangel an überzeugten Katholiken, die die geforderten Aufgaben erfüllen können.

Die Bundesrepublik Deutschland in ihren parlamentarischen Mehrheiten ist derzeit an einer Änderung der Kirchensteuerregelung (noch nicht) interessiert, da ja der Anteil, der in diese sozialen Hilfsorganisationen durch die Kirchensteuer fließt, im anderen Fall durch den Staat selbst aufgebracht werden müsste. Das würde eine allgemeine Steuererhöhung erforderlich machen oder sehr große Einsparungen an anderer Stelle. Bisher zahlen die eingeschriebenen Kirchenmitglieder, auch in den evangelischen Landeskirchen, in der Summe 8 oder 9 % Pflichtsteuern mehr als die Nichtmitglieder. Da die sozialen Dienstleistungen, wie erläutert, vielfach auch Nichtmitgliedern zur Verfügung stehen, partizipieren diese ohne eigenen Beitrag von den zusätzlichen Steuerzahlungen der Kirchenmitglieder: Ein dauerhaft nicht haltbarer Zustand, der zu den im Weiteren erläuterten hohen Austrittszahlen mit Sicherheit beiträgt.

Dieser Zustand ist ein gewaltiger Unterschied zu den vorher beschriebenen Verhältnissen in Ländern wie Italien, die die Mandatssteuer (Kultursteuer) praktizieren, wo alle steuerpflichtigen Einwohner diese – noch dazu deutlich niedrigere – Kultursteuer zahlen müssen, aber bezüglich der Verwendung von ihnen Vorgaben gemacht werden können.

In ihrer öffentlichen Erscheinungsform und ihrem Auftritt in den Medien hat sich die Kirche in Deutschland inzwischen einer staatlichen Wohltätigkeitsorganisation von gewaltigen Dimensionen angenähert, die mit sehr viel Kapital und beachtlichen jährlichen Einnahmen operiert. Dadurch tritt eine grundlegende Diskrepanz zutage zwischen dem Auftrag der Kirche, der sich aus ihrer Gründung als Gemeinschaft des christlichen Glaubens ergibt, zu der freiwillig Menschen beitreten, um gemeinsam in Wort und Tat ein Zeugnis für das Evangelium zu geben, und den tatsächlichen Tätigkeitsfeldern der Einrichtung. Diese Diskrepanz macht sich auch in der Führung und Verwaltung der Kirche bemerkbar.

Nach heutigem demokratischen Verständnis werden in der Bundesrepublik Deutschland Beschlüsse in Organisationen dieser Größe und dieser Art bekanntlich von ihren jeweiligen Leitungsgremien in betrieblich definierten Vorgängen gefasst, die durch die Satzung und die vom staatlichen Recht zuständigen Gesetze festgelegt sind. Die Führung wird durch Kontrollgremien überwacht und muss sich auch von der Öffentlichkeit beurteilen und kritisieren lassen und im Zweifelsfall die Konsequenzen ziehen, also z. B. bei schweren Fehlern zurücktreten.

In der kirchenrechtlichen Struktur einer Diözese ist der Bischof jedoch das geweihte Oberhaupt und im Zweifelsfall nur der Gesamtkirchenleitung in Rom verantwortlich. Deshalb fehlen in der Kirche vielfach Kontrollen, z. B. auch die unabhängige Verwaltungsgerichtsbarkeit, an die man sich in einem Streitfall wenden kann. Die große Machtstellung, die der Bischof in Glaubensfragen ausübt, wie es vom Kanon des kirchlichen Rechts in Erfüllung der theologischen Vorgaben festgelegt ist, passt also nicht mit Prinzipien einer staatsnahen gemeinnützigen Körperschaft zusammen, deren Hauptbetätigungsfeld sozialer Art ist.

Diese Gesichtspunkte haben mit dazu beigetragen, dass seit 2020 in Deutschland der sogenannte „Synodale Weg" eingeleitet wurde, in dem es neben den Fragen des sexuellen Missbrauchs, des Frauenpriestertums, der Ehepastoral, der kirchlichen Einstufung von homosexuellen Menschen auch um die Machtverteilung in der Körperschaft selbst geht. Während die meisten der aufgezählten Fragen somit dem Bereich des Glaubens, der Ethik und der Moral zuzuordnen sind, betrifft die Frage der geforderten Demokratisierung die Verwaltung und das Finanzsystem. Durch die Vermischung dieser Fragen entsteht eine große Verwirrung, die beim Gesamtzustand der Kirche so nicht aufgelöst werden kann. Wenn man die Kirche als staatliche oder parastaatliche Organisation betrachtet, sind die Forderungen nach fundamentaler Umgestaltung gut verständlich. Die grundlegendere Frage ist, ob die Kirche eine solche Organisation sein will bzw. von ihrer Gründung her sein kann und soll, oder ob sie nicht durch die großen Vorteile, die sie im Lauf der Jahrhunderte angesammelt hat, in ein vollkommen falsches Fahrwasser geraten ist. Mit Sicherheit ist die Beteiligung an der Macht auch deshalb so interessant, weil viel Kapital bewegt wird und viele Angestellte geleitet werden können.

6.6 Die theologischen Fakultäten in Deutschland

Die theologischen Fakultäten waren im Mittelalter eine der Grundsäulen der Gelehrsamkeit. Aus ihnen sind zusammen mit den Fachgebieten der Philosophie, der Jurisprudenz und der Medizin die abendländischen Universitäten entstanden. Auf dieser Basis hat sich dann mit Hilfe dieser Universitäten die Naturwissenschaft entwickelt, die heute die ganze Welt beherrscht. Papst Benedikt XVI. sagte in seiner Rede am 22. September 2011 vor dem Bundestag: „*Die Kultur Europas ist aus der Begegnung von Jerusalem, Athen und Rom – aus der Begegnung zwischen dem Gottesglauben Israels, der philosophischen Vernunft der Griechen und dem Rechtsdenken Roms entstanden.*" Auf die umfangreiche Diskussion zu diesen Fragen kann hier nicht eingegangen werden, es gibt durchaus auch Fachleute, die eine abweichende Meinung vertreten. Nach der ersteren Sicht passt jedoch heute noch die Theologie gut zur Universität. Jedenfalls ist sie in den theologischen Fakultäten von Deutschland bis heute erhalten geblieben, da sie jeweils in den Verträgen und Konkordaten einbezogen wurde.

Nach 1945 hatte die katholische gegenüber der evangelischen Hochschultheologie einen Aufholbedarf. Nach der Befreiung von der Diktatur wehte ein frischer Wind, und es gab plötzlich viele international renommierte deutsche Theologen wie Romano Guardini, Karl Rahner, Hans Urs von Balthasar, Hans Küng, Joseph Ratzinger, um nur einige zu nennen. Für die wissensbegierigen Theologiestudenten aus Übersee war es in den 60er- und 70er-Jahren eine wichtige Hilfe, Deutsch zu lernen, um weiterzukommen. Durch die oft leidvolle Zeit vor der Befreiung von den Nationalsozialisten, die prägenden Kriegserlebnisse und die materiell kargen Kriegs- und Nachkriegszeiten war diese Generation der Theologen meist persönlich bescheiden und an einer Beziehung zum christlichen Volk und zur pastoralen Praxis interessiert. Es gab eine starke Rückbindung an die Diözesen, aber auch häufig ernsthafte theologische Auseinandersetzungen, die in einigen Fällen zum Entzug der Lehrerlaubnis führten. In diesen Fällen musste dann der Staat für die Professoren, die keine kirchliche Lehrerlaubnis mehr hatten, aber als Staatsbeamte unkündbar waren, neue „säkulare" Lehrstühle schaffen, wie es z. B. bei Hans Küng der Fall war. Hier zeigte sich eines der grundlegenden Probleme der vorhandenen Verbindung von Staat und Kirche in der Universität: Paradoxerweise hat nach den Länderkonkordaten der Arbeitgeber, also das anstellende und zahlende Bundesland, keinen Einfluss auf den Inhalt der Arbeit ihres Angestellten. Aber auch den Diözesen ist dieser Einfluss inzwischen vollkommen entglitten, da ja die Forschung die akademische Freiheit genießt. Dieser Zustand kann auf Dauer nicht vernünftig haltbar sein. Die Fakultäten sind fast freischwebend. Für wen und für welchen Zweck arbeiten sie?

Ich möchte hier ein Zitat einschieben, das die päpstliche Bibelkommission als Verlautbarung des Apostolischen Stuhls Nr. 115 am 23. April 1993 unter dem Titel „Die Interpretation der Bibel in der Kirche" herausgegeben hat:

„Die Heilige Schrift steht in fortwährendem Dialog mit den Glaubensgemeinschaften: sie ist ja aus ihren Glaubenstraditionen hervorgegangen. Ihre Texte haben sich in der Beziehung zu diesen Traditionen entwickelt und andererseits zu ihrer Entwicklung beigetragen. Daraus folgt, dass die Auslegung der Heiligen Schrift

innerhalb der Kirche stattfindet, in ihrer Pluralität und ihrer Einheit, und in der Glaubenstradition.

Die Glaubenstraditionen bildeten das lebendige Umfeld, in das sich die literarische Tätigkeit der Verfasser der Heiligen Schrift einfügen konnte. Hierzu gehörten auch das liturgische Leben und die äußere Tätigkeit der Gemeinschaften, ihre geistige Welt, ihre Kultur und ihr geschichtliches Schicksal. Die biblischen Verfasser nahmen an alldem teil. In ähnlicher Weise verlangt also die Auslegung der Heiligen Schrift die Teilnahme der Exegeten am ganzen Leben und Glauben der Glaubensgemeinschaft ihrer Zeit."

Durch die Konstruktion der staatlichen Lehrstühle hat sich die Theologie im Lauf der Jahrzehnte nach 1945 immer weiter von ihrer Bindung an die Diözesen und an das Kirchenvolk entfernt. Es ging mehr und mehr um reine Wissenschaft, die nicht mit dem persönlichen Glauben verbunden sein musste. Viele Professoren sprachen nur noch als Fachleute, z. B. als Neutestamentler, nicht mehr als gläubige Christen. Die Beamtengehälter an den Universitäten, speziell der Ordinarien, erreichten Beträge, die sich deutlich von dem entfernten, was ein einzelnstehender Christ zu seinem Leben brauchte. Diese Situation schlug auch auf die Studenten durch, die mitunter wissenschaftlich hochwertig, aber glaubensmäßig defizitär unterrichtet wurden. Immer mehr Studenten brachen das Studium ab, da sie nicht das fanden, was sie ursprünglich vom Glauben her gesucht hatten. Andere verloren einfach das Interesse, weil sie aufgrund der gelehrten Zweifel bemerkten, dass eine andere Orientierung für ihr Leben besser wäre.

Heute wagt es kaum noch ein Bischof, einen Professor wegen falscher Lehre zu kritisieren, da er sonst in der Presse mehr Probleme bekäme als der angegriffene Professor. Man kann den Eindruck gewinnen, dass die Medien über die rechte Lehre beschließen. In vielen Fällen fehlt dem Bischof auch selbst die theologisch-biblische Basis, da die neue, in Deutschland ausgebildete Bischofsgeneration selbst von der Lehre dieser eher abständigen Professoren geprägt ist. Damit können die staatlichen Universitäten heute kaum mehr ihrem Auftrag nachkommen, Personen auszubilden, die sich dann in ihrem Leben existenziell der Kirche verschreiben. Die Folge ist ein dramatischer Rückgang an Studenten. Es ist abzusehen und auch schon geplant, dass viele Fakultäten geschlossen werden müssen. Ein Unbeteiligter könnte, wenn er die Entwicklung der Universitätstheologie in Deutschland betrachtet, folgern, dass sich die Fakultäten langsam, aber sicher ihre Daseinsberechtigung selbst entzogen haben: Die Wissenschaft sät Zweifel an den Glaubenssätzen, ohne sie durch neue Werte zu ersetzen, die die Kirche als Glaubensgemeinschaft aufbauen könnten. Es handelt sich nur noch um allgemein menschliche Werte, die sich am Mainstream orientieren. Dadurch geht die Basis für die Kirche als Gemeinschaft verloren, sie verliert ihr Alleinstellungsmerkmal.

Der Staat muss schlussendlich auf die Rentabilität achten. Es werden in Zukunft also wenige Lehrstühle mit theologischer Grundsatzforschung genügen, ähnlich wie in kleinen Sonderbereichen, wie z. B. der Orientalistik. Auch in Bezug auf die theologische Hochschulausbildung werden die Länderkonkordate somit durch den Zwang der Verhältnisse geändert werden müssen, ähnlich wie es schon nach dem Krieg in Bezug auf die Bekenntnisschule geschehen ist. Welchen Sinn hat dann die Erhaltung des Konkordats von 1933, wenn immer mehr Bereiche wegbrechen?

6.7 Die katholische Kirche in Zahlen

Seit einiger Zeit gibt die Deutsche Bischofskonferenz (DBK) alljährlich eine Broschüre heraus mit dem Titel: „Katholische Kirche in Deutschland, Zahlen und Fakten". Diese Broschüre enthält auf einer Seite eine gut übersichtliche Statistik mit allen Diözesen, dabei die Anzahl der Mitglieder, die Gottesdienstteilnehmer, die Anzahl der gespendeten Sakramente wie Taufe, Erstkommunion, Firmung, Trauung, dann die Bestattungen, die Eintritte und die Austritte.

In den zehn Jahren von 2010 bis 2019 kann eine eindeutige und konstante Tendenz festgestellt werden:

• Die Anzahl der Katholiken ist von etwa 24,6 Millionen um 2 Mio. auf 22,6 Mio., also um etwa 8 Prozent gesunken. Das kommt sowohl von der allgemeinen Bevölkerungsabnahme in Deutschland durch niedrige Geburtenziffern als auch durch Austritte aus der Kirche.

• Die Anzahl der Gottesdienstteilnehmer betrug 2010 etwa 3 Mio., also ungefähr 12 Prozent der Katholiken. Sie sank 2019 auf 2 Mio., was nur noch ungefähr 9 Prozent ausmacht. Zusätzlich zum absoluten Rückgang nimmt also auch noch der Anteil der regelmäßig praktizierenden Katholiken von den nominellen Kirchenmitgliedern laufend ab. Die Kirchen haben sich somit von 2010 bis 2019, in nur zehn Jahren, um ein Drittel geleert!

- Die Anzahl der Spendungen der Sakramente sank in etwa im selben Maß wie die Gottesdienstbesuche.
- Die jährlichen Austritte sind von etwa 5 Promille pro Jahr um 2010 in den letzten Jahren dramatisch auf über 10 Promille, d. h. mehr als 1 Prozent angestiegen, das waren 2019 immerhin 272.717 Personen. Die Eintritte sind demgegenüber fast vernachlässigbar.

Die neueste Statistik für das Jahr 2020 ist durch die Coronapandemie stark beeinflusst, insofern kann sie nicht unbesehen in die Reihe seit 2010 gestellt werden. Auffällig ist trotzdem ein drastischer Rückgang von mehr als 50 % bei Taufen und bis zu 80 % bei Trauungen, was in einer „Nachcoronazeit", falls sie denn kommt, aller Wahrscheinlichkeit nach nicht mehr aufgeholt werden kann. Mit dem Rückgang dieser zwei Sakramente ist neben den Austritten auch ein zusätzlicher Grund für den Schwund bei der Katholikenzahl gegeben: durch die fehlenden Taufen nehmen die – früher fast von Natur her erfolgenden – „Eintritte" in die Kirche ab. Der Rückgang der Katholikenzahl, der vor zehn Jahren im Mittel nur 0,5 % pro Jahr betrug, nähert sich inzwischen einer Größenordnung von 2 % pro Jahr an und könnte, wenn man die Kurve extrapoliert, bald 3 % erreichen. Das würde bei Fortsetzung des derzeitigen Trends bedeuten, dass sich die Anzahl der Katholiken spätestens alle 5 Jahre wieder um 10 % verringert.

Die evangelischen Landeskirchen machten in den letzten Jahrzehnten einen tendenziell noch größeren Schwund durch. Ihre Mitgliederzahl, die gleich nach dem Krieg in der Bundesrepublik Deutschland höher war als die der Katholiken, ist inzwischen unter die der katholischen Kirche gesunken. Von 2010 bis 2019 sank die Mitgliederzahl sogar um 3 Mio. Bei einer Gesamteinwohnerzahl von etwa 80 Mio. in Deutschland mit derzeit etwa 45 Mio. Christen ist also abzusehen, wann die Christen in ihrer Gesamtheit weniger als 50 Prozent der Gesamtbevölkerung ausmachen werden, also nicht mehr die Mehrheit stellen.

6.8 Eine Zeichenhandlung der Oberhirten

In der Theologie verwendet man den Begriff der Zeichenhandlung. Es gibt Handlungen, Vorgänge oder Erzählungen sowohl im AT wie auch im NT, die die Exegeten als solche Handlungen einstufen. Es sind gezielte Aktionen von Propheten, die mit einer bestimmten, ungewöhnlichen Aktion etwas ausdrücken oder die Zuschauer zum Nachdenken bringen wollen, wie z. B. die Erzählung, in der der Prophet Elia dem Elisha seinen Mantel überwirft zum Zeichen der Berufung. Es können auch Handlungen sein, die die Pragmatik übersteigen, d. h. einen bestimmten Sinnüberschuss haben. Das ist beispielsweise bei Markus (14,3) der Fall, wenn die Frau Jesus vor seinem Gang nach Jerusalem wohlriechendes Öl über das Haupt gießt. Jesus deutet diese – wohl als Verehrung gedachte – Handlung der Frau als Vorzeichen für seinen bevorstehenden Tod, als Salbung eines Toten vor dem Begräbnis. Er deutet es also symbolisch oder zeichenhaft, nicht im direkten Sinn, wie es die Frau gedacht hat. Eine solche Deutung könnte man auch auf folgendes Vorkommnis anwenden.

Am 20. Oktober 2016 besuchte eine ökumenische Delegation vom Rat der Evangelischen Kirche Deutschlands (EKD) und von der Deutschen (katholischen) Bischofkonferenz (DBK) Jerusalem mit dem Tempelberg und der Klagemauer. Auf der Freifläche vor dem Felsendom wurden Fotos aufgenommen und verbreitet, auf denen zusammen mit islamischen, anderen Würdenträgern und Bischöfen die Vorsitzenden der jeweiligen Kirchen, Heinrich Bedford-Strohm und Kardinal Reinhard Marx im vollen Ornat zu sehen waren, aber ohne das an einer Kette hängende zugehörige Brustkreuz. Auf Rückfrage der Journalisten gaben sie an, dass sie das Kreuz abgelegt bzw. unter dem Ornat verborgen hatten, weil sie die schwierige Situation in Jerusalem nicht aufheizen wollten und von den islamischen und israelischen Gastgebern darum gebeten worden waren, das jeweils an ihren heiligen Stätten so zu tun. Die israelische Seite hat diese Aussage allerdings später als nichtzutreffend bezeichnet.

Es gab zu diesem Ereignis Kommentare von allen Seiten. Im Spiegel vom 7.11.2016 schrieb der bekannte Journalist Jan Fleischhauer unter der Überschrift „Die Unterwerfung":

„ ... Ich bin nicht so leicht zu erschüttern, wie jeder weiß, der dieser Kolumne regelmäßig folgt. Aber mich hat der Vorgang sprachlos gemacht. Wie soll man es anders nennen als eine Verleugnung des Glaubens, wenn zwei wichtige Repräsentanten des Christentums bei einer Pilgerreise aus Rücksicht auf die Reizbarkeit muslimischer Glaubensvertreter ihr Kreuz ablegen? Es sind in der Geschichte des Christentums eine Menge Leute gestorben, weil sie genau das abgelehnt haben. Man kann das unvernünftig und verbohrt finden, in den Kirchen werden sie heute als Heilige und Märtyrer verehrt. So ist das nun einmal mit dem Glauben: Den Gläubigen imponiert Standfestigkeit, nicht die Kapitulation vor fremden Mächten ... "

Auch von kirchennahen Medien gab es diverse Kommentare, die vom Verständnis für den Vorgang bis zur Einstufung als Verrat reichten, was auch verständlich ist, wenn man sich den symbolträchtigen Ort der Fotos klarmacht.

Archäologen gehen davon aus, dass das Praetorium der römischen Zeit, vor dem Pontius Pilatus Jesus verurteilt hat, sehr nahe am Tempelberg lag, nämlich entweder in der Burg Antonia, die unmittelbar an der Nordseite des jüdischen Tempels angebaut war, oder beim Palast des Herodes etwas im Westen des Tempels in der nahen Altstadt. Von dort trug Jesus sein Kreuz (vermutlich nur den Querbalken, da der Pfahl in Römerzeiten eine Dauereinrichtung war) zur nahen Hinrichtungsstätte vor der Stadtmauer, wo heute die Grabeskirche steht.

Neben Begriffen wie Unterwerfung, Verleugnung, Verrat oder aber vernünftiges Handeln, um den Frieden zu erhalten und die verschiedenen Religionen zu versöhnen, kann man den Vorgang des 20. Oktober auch als unbewusst gesetztes Zeichen für den Zustand der großen Kirchen in Deutschland verstehen: Ihre zentralen Werte sind inzwischen allgemein gesellschaftlicher Natur, nicht mehr die Nachfolge, wie sie beispielsweise derzeit in den Israel umgebenden arabischen Ländern von den Christen gefordert ist, die enteignet, vertrieben, vergewaltigt oder umgebracht werden. Für die Vertreter der deutschen Kirchen bestand in Jerusalem keinerlei Lebensgefahr, denn davon sind wir in Deutschland bisher noch weit entfernt. Eine Kirche, die in enger Verbindung mit dem Sozialstaat lebt, hat naturgemäß Ziele, die von dieser Umgebung geprägt sind. Unabhängig von jeder Art von Schuldzuweisung oder von Lob für vernünftiges Handeln, zeigt der Vorgang vom Tempelberg also zeichenhaft, worum es der Kirche in Deutschland derzeit geht bzw. worum es nicht mehr geht.

Von muslimischer Seite her gesehen ist interessant, dass der Islam lehrt, dass der Prophet Jesus, den die Muslime auch verehren, gar nicht gekreuzigt wurde, sondern ein anderer Mann an seiner Stelle. Deshalb lehnen sie das Kreuz als Zeichen ab. Es muss die Frage an die christliche Seite erlaubt sein: Wenn jemand einen interreligiösen Dialog führen will, ist es dann sinnvoll, seine Position von vornherein aufzugeben? Dann würde sich das interreligiöse Gespräch ja erübrigen.

7 Reformbestrebungen in der katholischen Kirche in Deutschland

7.1 Der Ansatz der Mehrheit in der Deutschen Bischofskonferenz und des Zentralkomitees der Katholiken

Die drastisch sinkenden Zahlen der Kirchenbesucher und die Austritte haben die Kirchenleitung und das Zentralkomitee der deutschen Katholiken zu Recht alarmiert. Die von Papst Franziskus dringend geforderte Neuevangelisierung vom Inhalt her wird entweder von der DBK ignoriert, nicht verstanden oder als mögliches, nicht so wichtiges Anhängsel betrachtet. Die in der Presse präsente Mehrheit der deutschen Bischöfe denkt offensichtlich vom System, der Struktur der derzeitigen Kirche aus und sucht Wege sie zu optimieren, obwohl der Papst das schon mehrfach deutlich kritisiert hat. Das Denkschema, das derzeit dem „Synodalen Weg" zugrunde liegt, kann man etwa so kurz beschreiben:

- Durch die Austritte geht voraussichtlich bald das Kirchensteueraufkommen zurück, was man selbstverständlich verhindern möchte, da sonst die zahlreichen Angestellten und Referenten nicht mehr gehalten werden können und soziale Aktivitäten, wie Schulen, Kindergärten, Krankenhäuser, Altenheime usw., eingestellt oder dem Staat übergeben werden müssen.
- Es sollte deshalb wissenschaftlich untersucht und analysiert werden, warum viele Christen die Kirche verlassen, damit man Gegenmaßnahmen einleiten kann.
- Ein wichtiger Grund für den Niedergang ist offensichtlich die nun schon über 10 Jahre laufende Aufarbeitung der Missbrauchsfälle durch katholische Priester. Man hofft also, wenn alle Täter benannt und verurteilt

sind, Bischöfe, die die Fälle vertuscht haben, zur Rechenschaft gezogen und die Opfer ordentlich entschädigt wurden, dass sich dann die öffentliche Einschätzung der katholischen Kirche wieder deutlich verbessert. Weitergehende progressive Meinungen sehen allerdings im zölibatären Priester selbst ein Grundproblem, das man nur durch Abschaffung des Zölibats lösen kann.

- Ein weiterer Grund für die Kirchenaustritte ist die wirklichkeitsfremde Sexualmoral der katholischen Kirche und das restriktive Festhalten an der Ehe als Sakrament für die Dauer des Lebens, das dringend geändert werden muss, sowie die strengen Regeln zur Abtreibung von unerwünschten Kindern.

- Noch ein Grund ist die moderne Genderforschung, die Emanzipation der Frau, die Gleichbehandlung von Homosexuellen, die in der Kirche noch keine Entsprechung in Lehre, kirchlichem Gesetz und Verhalten gefunden haben.

- Ein weiterer Grund ist die undemokratische, autoritär aufgebaute Machtstruktur in der Kirche, die vollkommen umgestellt werden muss.

- Dazu kommt die fehlende Bereitschaft der Kirche, mit den evangelischen Christen eine „umfassende Ökumene" einzugehen, also einfach ohne jede Restriktion alles zu teilen.

- Des Weiteren muss sich die Kirche mehr für den Umweltschutz einsetzen.

- Es wird implizit postuliert, dass, wenn diese Forderungen alle erfüllt werden, die Deutschen wieder gerne Kirchenmitglieder bleiben und ihre Kirchensteuer zahlen.

  Im Übrigen wird es aber vermieden, über die Kirchensteuer zu sprechen.

- Der Prozess der geforderten Reformen sollte noch unterstützt werden durch ein zeitgemäßes Marketing der kirchlichen Ideen und Angebote.

  Dazu ist durch Agenturen nach der vorher genannten Analyse untersuchen zu lassen, welche Angebote anziehend sind, damit es wieder mehr Besucher bei Gottesdiensten gibt, und welche anderen attraktiven Veranstaltungen die Kirche entwickeln könnte.

Zusammenfassend kann man sagen, dass es bei den meisten dieser Reformen um das Ziel geht, die Kirche an die moderne Entwicklung der Zeit in Nordamerika und Westeuropa anzupassen. Die Unterschiede zu einem politischen Programm, wie es derzeit die Partei der Grünen vertritt, sind gering. Das verwundert nicht, da die Kirche finanziell und ideologisch so in die Gesellschaft einbezogen ist, dass ein solches Programm fast zwangsweise entstehen muss. Es geht ja auch um das Vermögen und die Arbeitsplätze der Angestellten. Die katholische Kirche in Deutschland ist, wie man im englischen Sprachraum sagt, eine „parastatal organization", eine staatlich eingebundene Interessengruppe mit humanistischen und religiösen Zielen. Andersdenkende werden deshalb inzwischen in der Regel nicht anders behandelt als politische Gegner. Man versucht sie mit den heutigen Mitteln der Auseinandersetzung, auch durch gezielte Pressekampagnen und Unterstellung von Fundamentalismus, mundtot zu machen oder aus ihren Stellungen zu entfernen. Dazu wird auch von vielen Kirchenführern Hilfe von der Presse gerne angenommen. Im Verhalten und öffentlichen Auftritt ist im Bereich der deutschen Kirche kaum noch ein Unterschied zu einer rein weltlichen oder politischen Organisation mit ihren naturgegebenen Licht- und Schattenseiten zu bemerken.

Eine interessante historische Feststellung ist es demgegenüber, dass bei den großen Reformen der Kirche – wie um die erste Jahrtausendwende vom Kloster Cluny ausgehend, 200 Jahre später durch den Heiligen Franziskus von Assisi und dann nach dem Konzil von Trient im 16. Jahrhundert, um nur einige Reformen zu nennen – immer angestrebt wurde, zu den ursprünglichen Werten des Christentums zurückzukehren, und damit die Observanz wieder verstärkt wurde. Von der Erfahrung der Kirchengeschichte her gesehen wird eine Reform, die Werte in großen Bereichen aufweicht, nicht zielführend sein. Sie hat vermutlich sogar eine gegenteilige Wirkung, was im nächsten Abschnitt kurz erläutert wird.

7.2 Die Problematik der Reformvorschläge

Bei dem derzeitigen mehrheitlichen Denkansatz und dem daraus folgenden Vorgehen ergeben sich folgende fünf Grundprobleme für die katholische Kirche:

- Um diese Reformen durchzuführen, muss man große Teile des für die ganze Welt geltenden neuen Katechismus von 1992 außer Kraft setzen,

und zwar in immer mehr Teilen, da ja die Forderungen nicht gleichblei-
ben, sondern weitergehen. Es würde sich die Frage stellen, ob ein solcher
Katechismus überhaupt noch sinnvoll ist.
Wenn man davon ausgeht, dass wir in Deutschland derzeit etwa 2 Mio.
praktizierende Katholiken haben mit abnehmender Tendenz, und davon
sicher nur ein Teil die Angleichung an den Zeitgeist fordert: Soll sich
der Rest der Welt nach dieser Anzahl von, sagen wir mal maximal, einer
Million Menschen richten, die in ganz anderen Umständen und in einer
vollkommen anderen Einschätzung des Werts der Religion leben wie sie?

- Auch das Kirchenrecht, der Codex Iuris Canonici (CIC) von 1983 müsste in großen Teilen grundlegend geändert werden. Man kann ohnehin
feststellen, dass er wegen der faktischen Abweichung vom originären
Bauplan der Kirche in vielen Fällen in deutschen Diözesen nicht mehr
eingehalten wird. Siehe dazu dann auch die Ausführungen unter Ziff. 8.6.

- Da die evangelischen Landeskirchen den vorher erklärten angestrebten
„Reformweg" schon länger beschritten haben und dadurch keinerlei Ver-
besserungen sichtbar sind, weder im Erscheinungsbild noch dadurch,
dass die Mitglieder jetzt nicht mehr austreten würden, fragt sich der vernünftig denkende Mensch, ob durch die fast identischen, nun auch von
der katholischen Kirche geforderten Maßnahmen nicht dasselbe eintreten
würde. Die Zukunft wird wohl zeigen, dass die propagierten Maßnahmen
nicht das erwünschte Mittel zu einer Reform sein werden und die Kirche
in ihrer derzeitigen Form als große Sozialorganisation des Staates nicht
retten können.

- Das geforderte bessere Marketing von kirchlichen Ideen und die Anpas-
sung an die Zeit bringt die Kirche in Konkurrenz zu vielen, rein wirtschaftlichen Unternehmungen. Es muss bezweifelt werden, ob den um-
worbenen Mitgliedern oder Nutzern (heute oft „follower" genannt) der
relativ hohe Betrag der Kirchensteuer das Geld wert ist, um in der Kirche zu bleiben. Ein festzustellendes Phänomen ist, dass junge im Be-
ruf aufstrebende Menschen gehäuft zu dem Zeitpunkt, da ihr Verdienst
steigt, aus der Kirche austreten. Auch von Teilnehmern an den Beratun-
gen des „Synodalen Weges" hört man derzeit Äußerungen in der Presse:
Wenn ihre Forderungen nicht erfüllt werden, wollen sie austreten. Vom
Vereins- oder Parteiwesen her gesehen ist das eine sehr gut verständli-

che und sinnvolle Einstellung. Sie lässt allerdings auch darauf schließen, dass das Kirchenbild des jeweiligen Katholiken vom Vereinscharakter ausgeht und nicht dem entspricht, was die Kirche sein sollte: eine existenzielle Glaubensgemeinschaft, die weder vom Menschen erdacht wurde noch von ihm machbar ist und durch Anfechtungen und Leiden geht wie ihre Gründer.

- Es ist ein schon seit vielen Jahren schwelendes Problem, dass viele Arbeitsstellen in den kirchlichen Einrichtungen nicht mehr adäquat besetzt werden können: Was unterscheidet eine katholische von einer nicht kirchlich engagierten Kindergärtnerin? Was bringt eine katholische Schule mehr als eine staatliche? Dasselbe gilt für Seniorenheime. In den Pfarreien wird heute häufig der überlastete Pfarrer, der all diese Einrichtungen mit viel Personal dirigieren sollte, durch einen Verwaltungsleiter ersetzt. Sachlich ist das sinnvoll, nur katholischer in ihrer Auswirkung wird die Einrichtung dadurch meist auch nicht. Zudem treten in den kleineren Diözesen und in der Diaspora die Finanzierungsprobleme immer deutlicher zutage, was unweigerlich zu Schulschließungen, Übergaben von Krankenhäusern und Kindergärten an den Staat führt und in Zukunft vermehrt führen muss. Diese Entwicklung konnte man z. B. in der letzten Zeit im Erzbistum Hamburg in der Presse verfolgen. Es ist abzusehen, dass sich das Problem auch auf andere Diözesen ausweiten wird.

7.3 Ein aktuelles Beispiel für die Demokratisierung der Kirche

Auf den Internetseiten der Erzdiözese München und Freising erschien im März 2021 ein Brief des Katholikenrats der Region München an den Katholikenausschuss in der Stadt Köln, der in der ANLAGE 2 abgedruckt ist. Es ist nicht so, dass dieser Brief von sehr hoher Bedeutung wäre, vielmehr habe ich ihn aufgenommen, weil er beispielhaft eine bedauerliche Entwicklung vor Augen stellt. Ich erlaube mir deshalb eine kurze Textanalyse durchzuführen:

- Von wem stammt der Brief und an wen ist er gerichtet?
  Der Katholikenrat der Region München besteht nach einem Organigramm, das man ebenfalls im Internet einsehen kann, aus 82 Mitgliedern

und stellt das oberste Laiengremium dar. Auf die Auswahl der Mitglieder kann hier nicht näher eingegangen werden, es sind jedoch häufig auch Kirchenbeamte und Funktionäre verschiedener kirchennaher Organisationen. Der interessierte Leser kann für Informationen dazu auch das Internet nutzen. So wird z. B. durch Funktionäre des BDKJ die kirchliche Jugend vertreten, eine Gruppe, die es in den normalen Pfarreien fast nicht mehr gibt. Die früheren Begriffe in der Kirche, wie Diakon, Gemeindeleiter, Älteste usw. kommen jedenfalls nicht mehr vor. Man kann es wohl als Funktionärsgremium bezeichnen, da die Verfasserin selbst auf die eigene „Räte-Solidarität" Bezug nimmt, was beim geschichtlich orientierten Leser ungute Erinnerungen an die Zeit am Ende des Ersten Weltkriegs auslösen könnte. Gerichtet ist der Brief an ein ähnliches Gremium in der ED Köln.

- Was ist der Zweck des Briefs?
Der Katholikenausschuss in Köln soll publizistisch unterstützt werden gegenüber dem Erzbischof, weil dieser ein juristisches Missbrauchsgutachten einer bestimmten Münchner Kanzlei nicht veröffentlicht hat. Deshalb wird der Erzbischof von Köln massiv angegriffen.
- Welcher Art ist der Brief?
Es ist kein sachlicher Brief, der auf ein Gespräch abzielt, sondern ist in Stil und Inhalt ein polemisch gehaltener Beschuldigungsbrief, der über die Medien Druck auf den Erzbischof von Köln ausüben, am besten zu seiner Absetzung führen soll.
- Was sind die Beschuldigungen?
Es handle sich um „unsägliche Vorgänge der Missbrauchsaufklärung". Die Ursachen dazu seien die „überkommenen feudalen und patriarchalischen Machtstrukturen der Kirche".
Interessant sind dazu folgende Beobachtungen:
  - Der Kölner Erzbischof hat ein anderes Büro seines Vertrauens mit der Aufgabe der Missbrauchsaufklärung betraut und die Ergebnisse noch im März vorgestellt. Warum sollte er verpflichtet sein, jenes Büro zu beauftragen, das schon länger gut bekannt ist mit dem Erzbischof von München?
  - Er hat wenige Tage nach Verfassung des Briefs, so wie angekündigt, sein Gutachten veröffentlicht, das sich offensichtlich ernsthaft mit den

Fragen auseinandersetzt. Was an diesem Vorgehen „unsäglich" ist, müsste man dem neutralen Beobachter erklären.

○ Der als „unser Kardinal Marx" positiv eingestufte EB von München hat ein ähnliches Gutachten seiner bevorzugten Kanzlei erst Monate später in Aussicht gestellt. Wieso ist das selbstverständlich, während eine kurze Verzögerung in Köln schon einen Sturm von gegnerischen Kommentaren auslöst?

○ Die Bezeichnung „feudale und patriarchalische Machtstrukturen" könnte der jahrelange Medienbeobachter auch in anderen Diözesen, wie z. B. in der Erzdiözese München, erkennen. Der EB von München wird jedoch bisher von seiner demokratischen Laienorganisation positiv gesehen. Vielleicht, weil er schon vorher einen in seiner Art unerhörten öffentlichen Angriff auf seinen Amtsbruder in Köln ausgeführt hatte. Dieser Angriff lag kirchenrechtlich eher jenseits der Gesetze, da der EB von München in der Erzdiözese Köln keinerlei Befugnisse hat, wie es der renommierte Kirchenrechtler, Prof. Winfried Aymans in seinem Leserbrief in der FAZ vom 13. Februar 2021 festgestellt hat. Darin schrieb dieser unter anderem: *„In der Vergangenheit kann ich mich nicht an ein vergleichbares Vorgehen unter bischöflichen Mitbrüdern in Deutschland erinnern."*

○ Es ist nicht einzusehen, wieso der Münchner Rat sich berechtigt sieht, in Köln mitzubestimmen. Woher bezieht er seine Kenntnisse, um einen so massiven öffentlichen Angriff verantworten zu können?

○ Als Folge für das „Fehlverhalten" des Erzbischofs von Köln werden steigende Austrittszahlen genannt. Dazu wurden nach Kenntnis des Verfassers bisher keine belastbaren Zahlen vorgelegt, da die letzten veröffentlichten Jahresaustrittswerte im Bereich der DBK sich auf das Jahr 2019 und 2020 beziehen. Hier und in allen 5 Jahren davor lässt sich im Gegenteil eindeutig feststellen, dass die Austrittszahl in der ED München prozentual zu den Katholiken im Bistum weit über denen der ED Köln und auch über den Zahlen im deutschen Schnitt lagen.

Zusammenfassend kann man also feststellen, dass das „demokratische" Laiengremium der ED München keine sachlichen Aussagen macht, sondern zur Verschärfung der Differenzen innerhalb der Kirche beiträgt und auch dezidiert beitragen will. Es geht um gezielte Kirchenpolitik in der Sprache der Leitmedien. Die ursprünglichen Themen der Verkündigung und die christliche Hochschätzung des Bruders kommen nicht mehr vor. Der Schlusssatz *„Bleiben wir im Gebet und in der Hoffnung miteinander verbunden"* ist ein Rest kirchlicher Ausdrucksweise, eine Art Feigenblatt, der aber ganz dem sonstigen Duktus des Briefs widerspricht. Eine zukunftsweisende Reform ist in diesem Brief, der als Beispiel für ähnliche Vorgänge gelten kann, nicht erkennbar. Man stellt sich unwillkürlich die Frage, welches grundlegende Ziel und welche Aufgabe ein Katholikenrat hat?

7.4 Gefangen in finanzieller und institutioneller Abhängigkeit

Die steigenden Austrittszahlen aus der katholischen Kirche zeigen im Wesentlichen eine Entfremdung und Nicht-Mehr-Übereinstimmung mit der Lehre und der Praxis der Weltkirche, also ein Glaubensproblem. So wird das Einsparen des hohen Kirchensteuerbeitrags oft der endgültige Auslöser für den Austritt. Papst Franziskus hat deshalb schon mehrfach an die deutschen Bischöfe appelliert, den Schwerpunkt auf die Neuevangelisierung zu legen statt auf die Änderungen der Struktur, um die Wahrheiten des Glaubens wieder verständlich zu machen.

Demgegenüber geht die Mehrheitsmeinung der tonangebenden Gremien in Deutschland in eine ganz andere Richtung:
Sie besagt, dass die Kirche dringend die Neuerungen der Zeit, wie Gendergerechtigkeit, Liberalisierung der Ehemoral, Weihe von Frauen usw. übernehmen muss, so wie es der „Synodale Weg" derzeit fordert. Außerdem muss jede Art von Missbrauch durch kompromisslose Offenlegung, oft ohne Rücksicht auf juristischen Schutz des Persönlichkeitsrechts und ohne genaue Prüfung der Aussagen, gebrandmarkt werden. Jede andere Meinung wird als fundamentalistisch und rückwärtsgewandt bezeichnet. Mit etwas Nachdenken kann man nichts anderes schließen, als dass das Erreichen dieses Ziels die katholische Kirche mit der publizistisch dominierenden öffentlichen Meinung verschmelzen würde und damit eventuelle Reibungspunkte geringer würden. Diese Entwicklung wurde, wie vorher erläutert, schon lange an den katholischen Fakultäten eingeleitet und hat

auch die Führungsebene in der Bischofskonferenz (DBK) und im Zentralkomitee der deutschen Katholiken (ZdK) erreicht, die mit dieser einseitigen
Theologie aufgewachsen sind.

Anschließend an diese grundlegenden Änderungen – wenn sie denn
erfolgt wären – würde sich allerdings die Frage stellen, für was die katholische Kirche noch benötigt wird, wenn sie dieselben Ziele vertritt wie
die säkulare Mehrheitsgesellschaft und wenn sie dann noch einige Inhalte
und Strukturformen übernimmt, die es in den evangelischen Landeskirchen
schon lange gibt. Da diese „reformierte" Kirche dann immer noch hohe
Ausgaben für das pastorale Personal sowie für die in den Verbandsgremi-
en vertretenen Funktionäre hätte, also vom Kirchenmitglied hohe Kirchen-
steuern verlangen müsste und auch keine neue Vertiefung des Glaubens mit
sich bringen würde, könnte durch diese Entwicklung der Schwund der Mitglieder der Kirche voraussichtlich nicht aufgehalten werden.

Derzeit droht ein Teil der Katholiken – von der Presse unterstützt – damit, aus der Kirche auszutreten, wenn die Reformforderungen nicht erfüllt
werden. Um das aufzuhalten, meinen viele Bischöfe, ihnen nachgeben zu
müssen. Das mag kurzfristig etwas entlasten. Auf Dauer kann die Kirche
aber nicht mit Mitgliedern rechnen, die auf Abruf oder nur unter bestimmten Bedingungen da sind. Personen mit dieser Haltung gehen irgendwann
trotzdem. Dem traditionell gläubigen Katholiken hingegen, auf den die Kirche dauerhaft bauen kann, wird es mehr darauf ankommen, ob er in ihr noch
die von Jesus gestiftete Gemeinschaft der Jünger erkennen kann, nicht eine
weltliche Organisation, die man je nach Programm unterstützt oder aus der
man austritt, wenn sie nicht mehr zu den eigenen Vorstellungen passt.

An den theologischen Fakultäten sind die Folgen dieser Entwicklung
schon gut zu beobachten, denn die Studentenzahlen gehen, trotz progressi-
ver Professorinnen und Professoren (oder wegen ihnen?) immer mehr zurück. Es ist zu befürchten, dass die diözesane Priesterausbildung unter den
vorherrschenden säkularen Paradigmen bald vor dem Aus stehen wird. Sie
wird nur noch gehalten von den Kandidaten der des Fundamentalismus ver-
dächtigten neuen Gemeinschaften, einigen Spätberufenen und von wenigen
Orden. Auch der Religionsunterricht in den Schulen wird immer häufiger
durch das Fach Ethik ersetzt. Damit werden sich die möglichen Arbeits-

und Planstellen für katholische Lehrer, Katecheten, Theologiedozenten und Professoren an den staatlichen Universitäten immer mehr verringern.

Bezeichnenderweise kommt die wichtigste und grundlegendste Frage der Struktur, nämlich die der Kirchensteuer, die vor allen anderen Änderungen liegen müsste, bei den Reformvorschlägen nicht vor. Sie wird als Reformprojekt nicht erwähnt. Das ist nur dadurch verständlich, dass durch ein Zurückfinden der Kirche zu ihrem eigentlichen Auftrag, mit engagierten Gläubigen eine echte Alternative zu leben, die Verwaltungsstrukturen nicht mehr in diesem Ausmaß notwendig wären, und so durch die stark verringerten Einnahmen die Machtfrage drastisch an Bedeutung verlieren würde. Wer möchte ein Amt ausüben, das schlecht bezahlt ist, wie z. B. in Italien oder Frankreich, und noch dazu keine öffentliche Ehre einbringt?

Ohne eine geistliche Rückbesinnung – mit ihren einschneidenden finanziellen Folgen – wird die Kirche bald nicht mehr führbar sein. Heute verbringen Bischöfe ihre Zeit damit, genau zu überlegen und zu formulieren, welche Glaubenssätze sie noch aussprechen können, ohne dass sie anschließend in den Medien angegriffen werden. Denn diese fühlen sich jederzeit berechtigt, über moralische und theologische Darlegungen der Kirche urteilen zu können, da ja die Kirche eine Körperschaft des öffentlichen Rechts ist und auch selbst bei allem „dreinredet". Die Redakteure, auch der kirchlichen Medien (und erst recht die der weltlichen), wissen meist nur noch wenig von den Inhalten der Lehre der Kirche. Sie unterstützen oft unhinterfragt die Thesen der innerkirchlichen Kritiker und stufen sie als Wahrheit ein. Sie haben kein Interesse daran, sich in der Autonomie ihres Lebens Weisungen von der Kirche zu holen. Damit ist jeder vernünftigen theologischen Diskussion schon von vornherein der Boden entzogen. Der damit verbundene Zwang, dass der Bischof sich an der gesellschaftlichen Akzeptanz orientiert, damit er nicht aneckt, ist vom Verkündigungsauftrag der Kirche her gesehen, den der er ja vertreten muss, nicht zukunftsfähig.

Der krampfhafte Versuch, mit der Entwicklung der öffentlichen Meinung mithalten zu können, hat schon seit einiger Zeit zu einer nicht mehr zu verbergenden Spaltung im Episkopat geführt. Mache beherrschen die Regeln sehr gut, andere geraten in das Kreuzfeuer des Enthüllungsjournalismus, was ihre innerkirchlichen Gegner wiederum geschickt, und mitunter recht massiv, ausnutzen. Für die Kirche entsteht ein immer größer werdender Schaden. Die nichtdeutsche kirchliche Welt beobachtet dieses Drama mit Erstaunen und Entsetzen. Sie schließt daraus, dass sich die katholische Kirche in Deutschland selbst auflöst, also keinesfalls ein nachahmenswertes Beispiel für die Welt sein kann.

Es ist für die Kirche dringend erforderlich, auf die angesammelten Privilegien baldmöglichst zu verzichten. Auch wenn es kaum jemand explizit sagt, steht das Geld bei fast allen Beziehungen innerhalb der Kirche und nach außen beherrschend im Hintergrund. Dagegen gibt es keine andere Hilfe, als das System der staatlichen Kirchensteuer abzuschaffen. Die endgültige Durchführung der Trennung zwischen katholischer Kirche und Staat ist im Interesse des Erhalts der Kirche in Deutschland unabdingbar. Wie im ersten Teil des Buches dargelegt, hat sich die Privilegierung der Kirche in Deutschland über zweihundert Jahre durch viele geschichtliche Gegebenheiten immer weiterentwickelt, sodass sie heute wie eine staatliche Wohlfahrtsorganisation aussieht und danach handelt. Sie muss so handeln, da sie sich durch die Konkordate und die nachfolgenden Vereinbarungen mit dem Staat daran gebunden hat, wobei das letzte, immer noch entscheidende Konkordat mit dem verbrecherischen Naziregime abgeschlossen wurde. Es ist eine ethisch-moralische Verpflichtung, dieses Konkordat von 1933 endlich durch einen neuen Vertrag außer Kraft zu setzen!

8 Ein anderer Ansatz

8.1 Grundlegende Gedanken zur Lage der Kirche in Europa

Im Jahr 1958 schrieb ein junger Theologieprofessor in einem Artikel der katholischen Zeitschrift „Hochland":

„Dieses dem Namen nach christliche Europa ist seit rund vierhundert Jahren zur Geburtsstätte eines neuen Heidentums geworden, das im Herzen der Kirche selbst unaufhaltsam wächst und sie von innen her auszuhöhlen droht. Das Erscheinungsbild der Kirche der Neuzeit ist wesentlich davon bestimmt, dass sie auf eine ganz neue Weise Kirche der Heiden geworden ist und noch immer mehr wird: nicht mehr wie einst Kirche aus den Heiden, die zu Christen geworden sind, sondern Kirche von Heiden, die sich noch Christen nennen, aber in Wahrheit zu Heiden wurden. Das Heidentum sitzt heute in der Kirche selbst. Es wird der Kirche auf die Dauer nicht erspart bleiben, Stück um Stück von dem Schein ihrer Deckung mit der Welt abbauen zu müssen und wieder das zu werden, was sie ist: Gemeinschaft der Glaubenden. Tatsächlich wird ihre missionarische Kraft durch solche äußeren Verluste nur wachsen können: Nur wenn sie aufhört, eine billige Selbstverständlichkeit zu sein, nur wenn sie anfängt, sich selbst wieder als das darzustellen, was sie ist, wird sie das Ohr der neuen Heiden mit ihrer Botschaft wieder zu erreichen vermögen."

Der damals 32-jährige Professor Joseph Ratzinger wurde bekanntlich später Erzbischof von München, Präfekt der Glaubenskongregation in Rom und 2005 Papst. Diese Erkenntnis zu einer Zeit, als im Nachkriegsdeutschland in der Kirche fast alle noch an eine Restauration der früheren „goldenen" Zeiten glaubten, muss als prophetisch bezeichnet werden: die äußeren und die geistlichen Verluste sind genauso massiv eingetreten, wie befürchtet. Die Selbstverständlichkeit der Anwesenheit der Kirche steht stark im Zweifel, sie ist auch nicht mehr „billig", sondern wird von vielen für das, was sie heute bringt, als „zu teuer" erachtet. Am Tag seiner Amtseinfüh-

rung im Jahr 1977 sagte der neue Erzbischof von München in seiner Pre-
digt: *„Ein Bayern, in dem nicht mehr geglaubt würde, hätte seien Seele
verloren, und keine Denkmalspflege könnte darüber hinwegtäuschen. Und
leider ist dies ja keine ganz unwirkliche Vision mehr und ich kann mich
an diesem Tag der Frage nicht entziehen, ob unsere Stadt und unser Bistum auch an dem Tag noch vom Glauben her gezeichnet sein wird, an dem
man einmal mich auf meinem letzten Weg geleiten wird.*" Joseph Ratzinger blieb trotz des Unverständnisses vonseiten der meisten „progressiven"
Theologen-Kollegen, die ihm dann auch seinen Aufstieg neideten, seiner
Linie treu. Am 28. November 2000 hielt er in der Bayerischen Vertretung
in Berlin einen Vortrag mit dem Titel: „Europa. Seine geistigen Grundlagen
gestern, heute, morgen". Daraus nun ein Zitat:

*„Europa scheint in dieser Stunde seines äußersten Erfolgs von innen her leer ge-
worden, gleichsam von einer lebensbedrohenden Kreislaufkrise gelähmt, sozusa-
gen auf Transplantate angewiesen, die dann doch seine Identität aufheben müssen. Diesem inneren Absterben der tragenden seelischen Kräfte entspricht es, dass
auch ethnisch Europa auf dem Weg der Verabschiedung begriffen erscheint. Es gibt
eine seltsame Unlust an der Zukunft. Kinder, die Zukunft sind, werden als Bedro-
hung der Gegenwart angesehen; sie nehmen uns etwas von unserem Leben weg,
so meint man. Sie werden weiterhin nicht als Hoffnung, sondern als Grenze der
Gegenwart empfunden ...*"

Soweit ein kurzer Auszug aus seiner Analyse der Situation Europas.

Ich wende mich nun konkret der Frage der Finanzierung kirchlichen
Lebens zu – sie bringt nicht die „Lösung aller Probleme", aber ihre in
Deutschland gewachsene Form der Kirchensteuer täuscht Möglichkeiten
vor, die nicht mehr dem christlichen Impetus entsprechen, ja es finden sich
auch nicht mehr genug praktizierende Christen, um alle Aufgaben in sozialen und bürokratischen kirchlichen Einrichtungen abzudecken. Wie schon
erwähnt gibt es auch häufig Klagen im staatlichen Rechtsbereich wegen
Anstellungskriterien für die Mitarbeiter im kirchlichen Dienst.

Die Form der staatlich eingezogenen Kirchensteuer mit direkter Bindung an die Lohn- und Einkommenssteuer gibt der Kirche eine Macht, die
sich nicht mehr als glaubensfördernd erweist. Sie blockiert den Blick auf
die reale Situation der Kirche in der gesellschaftlichen Akzeptanz, führt

zu einer mehr und mehr verflachenden Theologie, einem Religionspluralismus, um doch noch alle irgendwie anzusprechen, die weiterhin die Kirchensteuer zahlen sollen. Sie blockiert damit auch das Wachsen glaubens-
weckender Reformen, da der Blick und die aufgewendete Energie einge-
engt sind auf die Bewältigung und Erhaltung des finanziellen Überflusses.

8.2 Andere Möglichkeiten der Finanzierung der Kirche

Nun zuerst zu zwei Kirchenmodellen, auf die Ratzinger im Vortrag vom
November 2000 auch eingeht.
    Die Staatskirchen Nord- und Mitteleuropas:

*„Es ... stehen im germanischen Raum ... die staatskirchlichen Modelle des li-
beralen Protestantismus, in denen eine aufgeklärte, wesentlich als Moral gefasste
christliche Religion – auch mit staatlich verbürgten Kulturformen – den moralischen Konsens und eine weit gespannte religiöse Grundlage verbürgt, der sich die
einzelnen nicht staatlichen Religionen anzupassen haben. Dieses Modell hat in
Großbritannien, in den skandinavischen Staaten und zunächst auch im preußisch
dominierten Deutschland staatlichen und gesellschaftlichen Zusammenhang über
lange Zeit hin verbürgt. In Deutschland allerdings hat der Zusammenbruch des
preußischen Staatskirchentums ein Vakuum geschaffen, das sich dann ebenfalls
als Leerraum für eine Diktatur anbot. Heute sind die Staatskirchen überall von
der Auszehrung befallen: von religiösen Körpern, die Derivate des Staates sind,
geht keine moralische Kraft aus, und der Staat selbst kann moralische Kraft nicht
schaffen, sondern muss sie voraussetzen und auf ihr aufbauen.“*

Diese Feststellung, dass der demokratische Staat geistige Inhalte benötigt,
die er selbst nicht besitzt, wurde in den letzten Jahren auch von verschiedenen Staatsrechtlern und Philosophen geäußert. Derzeit werden diese Inhalte in zunehmendem Maße von verschiedenen Ideenkonstrukten geliefert,
wie dem Umweltschutz, der Genderideologie, dem Religionspluralismus,
der Esoterik und vielen anderen Bewegungen. Diese haben zwar bisweilen
eine christliche Wurzel, man kann sie aber nicht mehr dem Christentum
zurechnen.
    Ratzinger hatte vorher noch ausgeführt, dass nach der Französischen
Revolution sich in Europa auch ein Kirchenmodell entwickelt hatte, das den
Staat streng geschieden hatte von den religiösen Körperschaften, die in den

privaten Bereich verwiesen sind. Der Staat lehnt ein religiöses Fundament ab und weiß sich allein auf die Vernunft und ihre Einsichten gegründet. Dies gilt z. B. für die Gesellschaft und die Kirche in Frankreich. Es herrscht dort eine sehr strikte Trennung von Kirche und Staat. Die Kirche muss ihre Finanzierung ganz auf sich gestellt sicherstellen.

Demgegenüber gibt es noch ein anderes Modell, zu dem Ratzinger schreibt:

„Zwischen diesen beiden Modellen (der Staatskirche und dem laizistischen Modell) stehen die Vereinigten Staaten von Nordamerika, die einerseits – auf freikirchlicher Grundlage geformt – von einem strikten Trennungsdogma ausgehen, andererseits über die einzelnen Denominationen hinweg doch tief von einem nicht konfessionell geprägten protestantisch-christlichen Grundkonsens geprägt wurden, der sich mit einem besonderen Sendungsbewusstsein religiöser Art der übrigen Welt gegenüber verband und so dem religiösen Moment ein bedeutendes öffentliches Gewicht gab, das als vorpolitische und überpolitische Kraft für das politische Leben bestimmend sein konnte … Um das Bild weiter zu komplizieren, muss man hinzunehmen, dass heute die katholische Kirche die größte Religionsgemeinschaft in den Vereinigten Staaten bildet, dass sie in ihrer Glaubenslehre ganz entschieden zur katholischen Identität steht, dass aber die Katholiken hinsichtlich des Verhältnisses von Kirche und Politik die freikirchliche Tradition in dem Sinn aufgenommen haben, dass gerade eine nicht dem Staat verschmolzene Kirche die moralischen Grundlagen des Ganzen besser gewährleistet, so dass die Förderung des demokratischen Ideals als eine tief dem Glauben gemäße moralische Verpflichtung erscheint.“

In der genannten evangelisch-freikirchlichen Tradition sammeln die Kirche bzw. die Gemeinden selbst, in der Art, wie sie es für identisch halten, ihre Beiträge ein, was ein sehr grundsätzlicher Unterschied zur Kirchensteuer ist, da zusätzlich zur Unabhängigkeit vom Staat die Freiwilligkeit des Gebens erhalten bleibt. Auch in Deutschland verzichten die freikirchlichen Gemeinden bewusst auf die Möglichkeiten des Staates. Sie stehen damit deutlich im Gegensatz zu den evangelischen Landeskirchen und halten im Unterschied zu ihnen ihren Mitgliederbestand.

In Südamerika, speziell in Brasilien, gewinnen diese Freikirchen, von den USA herkommend, gegenüber der katholischen Kirche immer mehr an Boden. Sie setzen ein persönliches Engagement voraus, das den biblischen

Verhältnissen mehr entspricht als der dortige traditionelle Katholizismus, der über die Kolonialmächte zwangsweise eingeführt wurde. Von der Anzahl der Katholiken in der Welt her gesehen dürfte auch die katholische Kirche heute in der überwiegenden Zahl von Ländern ihre finanziellen Fragen unabhängig vom Staat lösen, und zwar sind das oft die Länder, in denen die Kirche wächst. Dazu im Folgenden zuerst ein Beispiel aus Afrika.

8.3 Ein Beispiel: Die Kirchenfinanzierung in Tansania

Die heutige katholische Kirche in Tansania in Ostafrika ist vergleichsweise jung. Erste Missionare kamen kurz vor der Kolonialzeit erst nach der Mitte des 19. Jahrhunderts ins Land. Obwohl schon seit etwa 1500 mit der Erkundung des Seewegs nach Indien durch Vasco da Gama Christen an der Küste lebten, waren nach der Vertreibung der Portugiesen durch die Omani-Araber zweihundert Jahre später wohl alle geflüchtet oder zum Islam zurückgekehrt. Die Anfangszeiten der neuen Mission, die in Sansibar begann und dann aufs Festland übersetzte, etwa ab 1860, waren sehr schwierig durch die damals noch nicht behandelbaren Tropenkrankheiten, die weite Entfernung von Europa und das in Afrika nicht vorhandene Verkehrsnetz mit Anreisedauern von Monaten bis zum Einsatzort. Viele Missionare, Priester, Brüder und Schwestern starben in jungem Alter. Die normale Lebensweise der einheimischen Bevölkerung in Polygamie schien einer Verbreitung von christlichen Werten diametral entgegenzustehen.

Trotzdem, oder gerade deshalb, gingen die Missionare die Arbeit kompromisslos an. Es ging nicht um Inkulturation, sondern um Verkündigung. Gleichzeitig war aber auch von Anfang an klar, dass die Lebensverhältnisse verbessert werden mussten. Es wurden sofort Schulen errichtet, Krankenstationen gebaut, Handwerk und Landwirtschaft unterrichtet. Die Finanzierung kam durchwegs von den Missionsgesellschaften über Spenden aus Europa und zwar bis in die ersten Jahrzehnte nach dem Zweiten Weltkrieg. Dann ging die Anzahl der Missionare langsam zurück und es erfolgte eine schrittweise Übernahme der Verantwortung durch einheimische Kräfte. Die Anzahl der Taufen stieg zu Anfang der Mission sehr langsam, da in der Küstenregion, wie dargelegt, schon seit Jahrhunderten der Islam herrschte.

Dadurch, dass ein praktischer Schwerpunkt der Mission auf Schulen und Ausbildung gelegt worden war, entstand aber im Lauf der Jahre eine christliche Mittel- und Oberschicht, die – schon vor der Unabhängigkeit im Jahr 1961 – maßgeblich in der Staatsverwaltung tätig und dann nach der Unabhängigkeit auch in der afrikanischen politischen Führung stark vertreten war. Im Gegensatz zu neueren soziologischen Theorien von europäischen Universitäten hat die Geradlinigkeit und eindeutig nicht auf den persönlichen Vorteil bedachte Glaubensverkündung durch die Missionare – ziemlich konstant nach dem damaligen Katechismus – die Glaubwürdigkeit der Kirche so gefestigt, dass heute in Tansania gut 60 Prozent der Bewohner Christen sind und das Land bisher von Militärumstürzen und Bürgerkrieg verschont geblieben ist.

Mit der Übernahme der Verantwortung durch einheimische Priester, Bischöfe und Ordensschwestern ging zwangsweise auch eine Übernahme der Kosten Hand in Hand. Die Pfarreien mussten sich bemühen, die Kosten für die Priester und Katechisten, die Bauten der Kirchen und der sozialen Einrichtungen selbst beizubringen. Es gab keinen Gedanken daran, dass hier der Staat, der selbst nur Schulden hat, mithelfen könnte. Es wurde seit fünfzig Jahren schrittweise ein System der Selbstfinanzierung entwickelt: mit Opfergaben bei den Sonntaggottesdiensten, Sondersammlungen und dem Einsammeln einer Jahresabgabe, die in Kiswahili „zaka" heißt, ein Wort, das vom arabisch-islamischen „Zakat" – der jährlichen Spende für die Armen – herkommt und etwa dem Zehnten entsprechen soll. In der Praxis gibt es einen ziemlichen Verhandlungsspielraum, wie groß dieser Beitrag denn genau sein soll, da ja die Jahresabgabe privater Natur ist und nicht durch ein Gesetz des Staates geregelt wird. Je nach ländlichem Charakter der Pfarrei werden die Gaben oft auch noch in Naturalien eingesammelt, bei guter Ernte ist es mehr, bei einer Hungersnot weniger oder gar nichts. Fraglos ist der Übergang von einer Kirche, die von den Missionsgesellschaften finanziert wurde, zu einer Kirche, die sich selbst finanziert, vor allem auf dem armen Land, nicht einfach und auch noch nicht ganz beendet.

Die Pfarreien, die oft sehr groß sind, werden in kleine Einheiten von ca. 100 Personen unterteilt, im Englischen „Small Christian Communities" genannt, deren Mitglieder in der Nähe zueinander wohnen, sich einmal die Woche treffen, einen Bibeltext vorlesen, beten, ihre Probleme besprechen und sich gegenseitig helfen. Für den Pfarrer sind die Leiter dieser kleinen Gemeinden die Ansprechpartner, auch bei der Frage von Taufen, Erstkommunionen, Firmungen und Eheschließungen. Es geht hier auch oft um finanzielle Probleme, geplante Feste, Wallfahrten usw. Dadurch werden die Gemeinden im Leben der Gläubigen wirksam und überschaubar.

Von ihren gesamten Einnahmen muss jede Pfarrei vierzig Prozent für die Ausgaben in der Diözese abgeben, über die auch die – ziemlich karge – Bezahlung der Priester geregelt wird. Die Diözesanverwaltung muss deshalb auch sehr „schlank" sein, das reine Gegenteil von deutschen Verhältnissen. Dieses Finanzierungssystem bringt in den Dörfern bis heute oft Ergebnisse, die nur mühsam, oder auch noch nicht, für die Bedürfnisse ausreichen. In den Städten ist es aber durchwegs erfolgreich. So werden in der schnell wachsenden Metropole Dar es Salaam, die man heute auf gut vier Millionen Einwohner schätzt, pro Jahr 2 bis 3 neue Pfarreien eröffnet, die ihre Kirchen ohne jede ausländische Hilfe errichten. Jede dieser Kirchen fasst mindestens tausend Menschen, und es finden jeden Sonntag 3 bis 5 Messen statt, die voll sind. Viele Dienste werden in diesen Pfarreien mit Begeisterung ehrenamtlich ausgeführt oder mit geringer Erstattung ihrer Unkosten. Auf dem ärmeren Land arbeiten die Katechisten oft für sehr geringe Beiträge der Christen, die sie in entlegenen Außenstationen betreuen. Es ist für die Tansanier selbstverständlich, dass für die Entstehung von neuen Anlagen jeder Art eine eigene Initiative der Betroffenen erforderlich ist und sie dazu durch Arbeit und/oder Geld beitragen müssen.

Soweit eine kurze Erläuterung zur Kirche in Tansania, in der der Autor viele Jahre mitgearbeitet hat. In den anderen Ländern Afrikas südlich der Sahara sind die Verhältnisse vergleichbar, je nachdem wie die politische und wirtschaftliche Lage ist. Die Kirchen, von denen viele wachsen, müssen sich im Großen und Ganzen selbstständig finanzieren, auch wenn es noch einzelne Hilfsprojekte von kirchlichen oder staatlichen Stellen aus Europa oder Amerika gibt. Die Art der Finanzierung über Spenden und direkte Beiträge der Gläubigen an die eigene Kirche ist hier, wie in den USA, unabhängig davon, ob es katholische, lutherische oder freikirchliche Gemeinden sind. Nun wird noch ein zweites Modell zur Finanzierung der Kirche näher besprochen.

8.4 Das Mandatsmodell von Italien

Dass ich diesem Modell in einem eigenen Kapitel besondere Aufmerksamkeit gebe, soll nicht bedeuten, dass darin eine besonders christliche Lösung der Finanzfrage ausgedrückt ist. Sie könnte aber für Länder Europas einen Übergang darstellen von der staatseingezogenen Kirchensteuer zu freiwilligen Lösungen.

Wie schon erwähnt, hat die Republik Italien im Jahr 1984 ein neues Konkordat mit dem Heiligen Stuhl abgeschlossen und dabei auch die Finanzierung der Kirche neu geregelt. Für den steuerpflichtigen Bürger ist es möglich, dass er über 8 Promille, also knapp 1 Prozent, seiner Einkommenssteuer bestimmt, für welchen religiösen oder wohltätigen Zweck sie verwendet werden sollen. Die Einkommenssteuer IRPEF wird ähnlich wie in Deutschland auf Einnahmen aus selbstständiger oder unselbstständiger Arbeit, aus Kapital und sonstigen Einkünften berechnet. Einrichtungen, denen diese acht Promille gewidmet werden könnten, sind beispielsweise die katholische Kirche, die Adventisten, die Waldenser, die Lutheraner, verschiedene evangelikale Gruppierungen, die Union der jüdischen Gemeinden, die Union der Hinduisten, ein buddhistisches italienisches Institut oder der italienische Staat selbst für soziale und humanitäre Zwecke. Wenn ein Steuerzahler keine Festlegung trifft, wird sein Anteil proportional aufgeteilt. Derzeit ist es so, dass etwa 79 % der von der Einkommenssteuer erfassten Italiener ihren Anteil der katholischen Kirche zuschreiben, etwa 15 % dem Staat und 6 % anderen Einrichtungen.

Der entscheidende Unterschied zum deutschen System der Kirchensteuer ist der Grundgedanke: Es ist nicht eine Religions- oder Kirchensteuer, sondern ein Steueranteil des Bürgers für Kultur und Soziales fördernde Einrichtungen. Die Förderung dieses Spektrums der Gesellschaft hält der Staat also nicht nur für berechtigt, sondern für notwendig.

Dem entspricht es, dass die Wahl des Empfängers der Steuer völlig unabhängig von der Religionszugehörigkeit des Gebers ist, es ist eben keine zusätzliche religiös-kirchliche Steuerzahlung. So kann z. B. ein Katholik seinen Steueranteil der Arbeit den Waldensern widmen, weil er die Arbeit dieser kleinen, engagierten Gruppe gut findet, oder für die Ziele der jüdischen Gemeinden aufwenden, die sich für die jüdische Tradition, aber auch für den Schutz der Minderheiten und gegen Rassismus und Antisemitismus einsetzen. In Wirklichkeit ist es auch so, dass diese kleinen Gruppen meist mehr erhalten, als sich allein durch ihre Mitgliederzahlen ergeben würde, da sie nur einen geringen Teil der Bevölkerung ausmachen.

Der Vorteil dieser Art von Steuer, die auch als Kultursteuer bezeichnet wird, ist, dass jeder Staatsbürger gleich belastet wird, was auch sinnvoll ist, da ja viele Leistungen aus dieser Steuer allen Bürgern zugänglich sind. Das deutsche Kirchensteuersystem schafft demgegenüber große Ungleichheit, da die eingeschriebenen Christen sehr viel mehr Steuer zahlen, die nicht nur der eigenen Glaubensgemeinschaft zugutekommt. Große Beträge fließen in soziale Leistungen für die Allgemeinheit.

Es ist klar, dass die deutlich niedrigere Höhe dieser Kultursteuer nicht für die Bedürfnisse der Kirchen ausreicht. Damit bleibt aber auch ein Doppeltes, der Kirche Wesentliches deutlich sichtbar: Wem das Leben der Kirche ein Anliegen ist, der wird eben deshalb freiwillig, nach seinen Möglichkeiten, diesen Weg ermöglichen helfen wollen, durch Mithilfe, aber auch durch zusätzliche, ihm mögliche finanzielle Beiträge. Zugleich aber, als Zweites, entsteht dadurch ein realistisches Maß für alles, was die Kirche im Rahmen ihres Auftrags und ihrer Sendung verwirklichen kann. Sie braucht und kann auch nicht mehr mithilfe von weder kirchlich orientierten noch an deren Tun existenziell interessierten Personen Aufgaben in der Gesellschaft fortführen, die sie, wie sich zeigt, sogar mit dem Staat in Konflikt bringen kann, wie z. B. Bedingungen und Auswahl bei Anstellungen, was dann im Gefolge noch Aggressionen in der Gesellschaft gegen sie hervorrufen kann.

Dieser Vorgang, ein Mandatsmodell und zugleich freie weitere Unterstützung der Kirche ist auch in der katholischen Kirche in Italien üblich und wird verstärkt durch einen großen ehrenamtlichen Einsatz vieler engagierter Christen für die Jugend und für Bedürftige. Es erhöht bekanntlich bei jedem Spender die Motivation, wenn er weiß, für was seine Gabe verwendet wird.

Verständlich ist der Einwand gegen die Mandatssteuer, dass hier keine wirkliche Trennung zwischen Kirche und Staat stattfinde, dass also der Staat in gewisser Weise die Kirchen mit seiner Steuer mitzahlen würde, was beim deutschen System nicht der Fall wäre, weil die für den Bürger zusätzliche Abgabe von vorneherein als Kirchensteuer definiert sei. Wie aus den bisherigen Ausführungen ersichtlich, führt jedoch das deutsche, nach dem Grundgesetz angeblich auf der Trennung von Kirche und Staat beruhende System, über die großen Geldströme und die Verflechtungen der kirchlichen Funktionsträger und ihre Stellung als „Fast-Staatsbeamte" in seiner Wirkung zu einer Kirche, die in ihrem Auftreten und in ihren Handlungen als staatliche oder zumindest halbstaatliche Organisation in Erscheinung tritt. Dies wenigstens könnte durch das Modell einer Mandatssteuer verhindert oder verringert werden. Ein kleines Beispiel: Der Vorsitzende des Rundfunkrats des Bayerischen Rundfunks ist ein hoher Kirchenbeamter der Erzdiözese München und Freising. Oder auch: Die Bischöfe werden nach Gehaltsstufen der Ministerialbürokratie des Staates, zum Teil aus dessen Staatsleistungen bezahlt, die noch von der Enteignung bei der Säkularisation vor mehr als 200 Jahren herrühren. In keiner Weise kommt mehr zum Ausdruck, dass es Anliegen der Gläubigen ist, einen Bischof zu haben, der für seine Aufgaben von ihnen freigestellt wird.

Ob es möglich ist, in Deutschland noch eine Änderung im Sinne der Mandatssteuer durchzuführen, wird sich zeigen. Interessant ist, dass dieses Modell neben Papst Benedikt XVI. auch eher von linken Politikern favorisiert wird. Es gibt zum Beispiel eine Studie der Rosa-Luxemburg-Stiftung dazu. Es sind verschiedene Varianten und Kombinationen denkbar, die in Hinsicht auf die Machbarkeit vom Grundgesetz her untersucht werden müssen. Das bedeutet als Konsequenz, dass für eine entsprechende Änderung politischer und kirchlicher Konsens, und auch Zeit, erforderlich sind.

8.5 Ist eine „Entweltlichung" der Kirche in Deutschland notwendig?

Am 25. September 2011 hielt Papst Benedikt XVI. im Konzerthaus von Freiburg eine aufsehenerregende Rede. Das Hauptthema war die „Entweltlichung" der Kirche. Ich zitiere einen Ausschnitt:

„Um ihrem eigentlichen Auftrag zu genügen, muss die Kirche immer wieder die Anstrengung unternehmen, sich von dieser ihrer Verweltlichung zu lösen und wieder offen auf Gott hin zu werden. Sie folgt damit den Worten Jesu: „Sie sind nicht

von der Welt, wie auch ich nicht von der Welt bin" (Joh. 17,16), und gerade so gibt er sich der Welt. Die Geschichte kommt der Kirche in gewisser Weise durch die verschiedenen Epochen der Säkularisierung zur Hilfe, die zu ihrer Läuterung und inneren Reform wesentlich beigetragen haben.

Die Säkularisierung – sei es die Enteignung von Kirchengütern, sei es die Streichung von Privilegien oder ähnliches – bedeutet nämlich jedes Mal eine tiefgreifende Entweltlichung der Kirche, die sich dabei gleichsam ihres weltlichen Reichtums entblößt und wieder ganz ihre weltliche Armut annimmt. Damit teilt sie das Schicksal des Stammes Levi, der nach dem Bericht des Alten Testaments als einziger Stamm in Israel kein eigenes Erbland besaß, sondern allein Gott selbst, sein Wort und seine Zeichen als seinen Losanteil gezogen hatte. Mit ihm teilt sie in jedem geschichtlichen Moment den Anspruch einer Armut, die sich zur Welt geöffnet hat, um sich von ihren materiellen Bedingungen zu lösen, und so wurde auch ihr missionarisches Handeln wieder glaubhaft.

Die geschichtlichen Beispiele zeigen: Das missionarische Zeugnis der entweltlichten Kirche tritt klarer zutage. Die von materiellen und politischen Lasten und Privilegien befreite Kirche kann sich besser und auf wahrhaft christliche Weise der ganzen Welt zuwenden, wirklich weltoffen sein."

Diese Rede löste sofort eine heftige Diskussion darüber aus, was der Papst genau mit dem Wort „Entweltlichung" gemeint habe. Die Presse war sich weitgehend sicher, dass er damit auch gemeint hatte, das deutsche System der Kirchensteuer zu ändern. Die meisten Bischöfe schlossen sich dieser Meinung nicht an, ja der damalige Vorsitzende der Bischofskonferenz, Robert Zollitsch, war sich schon wenige Stunden nach der Rede sicher, dass damit die Kirchensteuer nicht gemeint sein könne. Seitdem wird das Thema der Kirchensteuer von den deutschen Diözesen geflissentlich kaum mehr öffentlich erwähnt, nur Bischof Gregor Maria Hanke von Eichstätt, ein Benediktiner, hat es vor einiger Zeit gewagt, die Frage nochmal aufzuwerfen.

8.6 Was sagt das Kirchenrecht?

Nach can. 222 des CIC ist vorgeschrieben, dass die Gläubigen verpflichtet sind, für die Erfordernisse der Kirche Beiträge zu leisten, damit ihr die Mittel zur Verfügung stehen, die für den Gottesdienst, die Werke des Apostolats und der Caritas notwendig sind. Es gilt aber hier auch das Prinzip der eigenen Verantwortung und der Freiwilligkeit. Und vor allem ist nirgendwo im Codex vorgeschrieben, dass wenn ein Christgläubiger, aus welchen Gründen auch immer, für die Kirche keine finanziellen Beiträge leistet, derselbe mit der Strafe der Exkommunikation bzw. mit Folgen, die einer Exkommunikation entsprechen, belegt wird. Das wird in der katholischen Kirche nirgendwo so gehandhabt, mit Ausnahme der wenigen Staaten mit staatlicher Kirchensteuer wie die Bundesrepublik Deutschland.

In Deutschland tritt der Gläubige aus der Kirche aus, indem er es der staatlichen Meldebehörde mitteilt! Es ist eigentlich nur ein Austritt aus der „Körperschaft des öffentlichen Rechtes katholische Kirche", nicht aus der Kirche. Der Päpstliche Rat für die Auslegung der Gesetzestexte hat am 13. März 2006 zu dieser Frage eine Erklärung herausgegeben.

Zu einem Kirchenaustritt (actus formalis defectionis ab Ecclesia) sind drei Schritte erforderlich: eine innere Entscheidung, eine äußere Bekundung und eine Annahme vonseiten der kirchlichen Autorität. Die innere Entscheidung muss auf der Basis eines Willensaktes erfolgen, dessen Inhalt es ist, die Bande der Gemeinschaft mit der Kirche – Glauben, Sakramente, pastorale Leitung – zu zerbrechen. Ein rechtlich administrativer Akt der Art des Austritts vor dem Meldeamt reicht dazu nicht aus. Die Erklärung kann nur persönlich gegenüber der katholischen kirchlichen Autorität gesetzt werden, vor dem Pfarrer oder dem Ordinarius, welche die Möglichkeit haben müssen zu überprüfen, ob wirklich eine Trennung von der Kirche beabsichtigt ist. Eine sehr eindeutige Stellungnahme, die die Praxis in Deutschland unzweifelhaft als kirchenrechtlich unzulässig einstuft.

Um gegen diese rechtlich einwandfreie Auslegung vorzugehen, hat der ständige Rat der Deutschen Bischofskonferenz schon am 24. April 2006, also bereits einen Monat später, eine Erklärung beschlossen, in der er in längeren Ausführungen die Praxis in Deutschland rechtfertigt. Er behauptet unter anderem: „Wer – aus welchen Gründen auch immer – den Austritt aus der katholischen Kirche erklärt, zieht sich die Strafe der Exkommunikation zu ... " Die gesamte Erklärung steht in klarem Widerspruch zu der Erklärung des Vatikans. Das bedeutet, dass die Deutsche Bischofskonferenz dauerhaft massiv gegen das Kirchenrecht verstößt und in der grundlegenden Frage der Mitgliedschaft zu einer religiösen Vereinigung das Staatsrecht anwendet, das aber laut Definition nicht über den Glauben befinden kann. Sie reagiert also eindeutig nicht mehr in ihrer Aufgabe als Kirche, sondern als Körperschaft des öffentlichen Rechts.

Im Jahr 2007 trat der emeritierte Kirchenrechtsprofessor Hartmut Zapp aus Freiburg aus der „Körperschaft des öffentlichen Rechts" aus, betonte aber unmissverständlich, dass er weiterhin katholisch bleiben wollte. Er lehnte die Kirchensteuer und die „deutsch-bischöfliche Körperschaftskirche" ab. Aus einer Klage des Erzbistums Freiburg beim Verwaltungsgericht Freiburg entwickelte sich eine juristische Auseinandersetzung durch alle staatlichen Instanzen bis zum Bundesverwaltungsgericht. Das Ergebnis war, dass ein Austritt aus der Kirche, allein im Blick auf die „Körperschaft öffentlichen Rechts" nicht möglich ist. Die Kirche hat sich also durch die vorhandenen Strukturen und Verträge (Konkordate) mit dem Staat in theologisch und kirchenrechtlich unzulässiger Weise fesseln lassen.

Da sich die DBK vermutlich des gegen das Kirchenrecht verstoßenden Vorgehens bewusst wurde, hat sie am 20. September 2012 ein Dekret nachgeschoben, das das Wort „Exkommunikation" nicht mehr verwendet. Die darin detailliert dargelegten Konsequenzen sind aber fast die gleichen geblieben: Die staatlich ausgetretene Person verliert das Recht, Sakramente zu empfangen, kirchliche Ämter zu bekleiden, Tauf- oder Firmpate zu sein, Mitglied von pfarrlichen oder diözesanen Räten zu werden usw. Nur die Taufe als unauslöschliches Prägemal kann nicht verloren werden. Dieses Dekret hat sich die DBK vorab am 28. August 2012 von der vatikanischen Bischofskongregation „rekognoszieren" lassen, um den Anschein der Rechtmäßigkeit zu wahren.

Es geht hier aber nicht um rechtliche Spitzfindigkeiten, sondern um das gesamte System der Verflechtung von Kirche und Staat in Deutschland und damit um die Finanzierung der „kirchlichen Wohlfahrtskörperschaft" mit ihren weitläufig ausgebauten Verwaltungsstrukturen. Die führenden Mitglieder der Deutschen Bischofskonferenz konnten die Frage bisher durch Nichtreaktion „aussitzen", da, wie schon erwähnt, auch die Mehrheit der staatstragenden Parteien die kirchlichen Einrichtungen als finanziell günstige Lösung für den Staat ansehen. Dass dadurch eine Knebelung und Fehlleitung der apostolischen Aufgaben eines Bischofs als Seelsorger seiner Herde erfolgt, wird entweder gar nicht erkannt oder als unabänderlich in Kauf genommen.

8.7 Ein Interview

Die Wiener Zeitung veröffentlichte am 27. Dezember 2020 ein Interview mit dem Altabt des Zisterzienserklosters Heiligenkreuz bei Wien Gregor Henkel-Donnersmarck. Ich zitiere daraus zwei Fragen und die jeweilige Antwort:

„Frage 1: (Papst) Franziskus hat vor einer Woche seinen 84. Geburtstag gefeiert. Trauen Sie ihm zu, dass er noch durchsetzen kann, was er sich vorgenommen hat, oder wird er letztlich scheitern?

Antwort: Erstens: Woher wissen Sie, was er sich vorgenommen hat? Zweitens: Er wird nicht scheitern, weil die Kirche nicht untergeht. Sie gehen alle davon aus, dass er wie ein Ministerpräsident auf vier Jahre gewählt ist, und dann ist er gescheitert und muss in die Verbannung gehen. Nein! Der Papst führt als Nachfolger Petri das Schiff der Kirche seit mehr als zweitausend Jahren, und es wird einen Nachfolger geben, und es wird die Kirche bestehen. Dass Europa an sich selbst zugrunde geht, ist kein Grund für die Kirche, zugrunde zu gehen. Europa pflanzt sich ja nicht fort. Ein Großteil der Migrationskrise kommt aus dem Vakuum, das dadurch entsteht. Das sagt aber kein Mensch.

Frage 2: Was kann die Kirche da tun?

Antwort: Die Kirche ist kein gesellschaftspolitischer Faktor. Sie muss aus dem Glauben eine Alternative bieten. Wir sehen uns in der Situation, dass die christlichen Werte ursprünglich unsere staatlichen Gesetze geprägt haben. Das aber hört auf. Die Kirche tut gut daran, wenn sie sagt: „Der Staat erlaubt euch zwar, ungeborene Menschen umzubringen, die Ehe mehrmals zu schließen oder jetzt auch Alte und Kranke zu töten – wir aber sagen euch: Das ist Sünde." Die Kirche muss prophetisch wie Johannes der Täufer, der im Advent im Vordergrund steht, ihre Botschaft in die Gesellschaft hineinrufen."

Die Darlegungen des Altabts werden von vielen Christen geteilt. Da sie nicht der Mehrheitsmeinung der Medien entsprechen und eine große Verringerung des zur Verfügung stehenden Geldes in der Kirche – also an weltlicher Macht – hervorrufen würden, scheuen sich die meisten davor, diese Erkenntnisse offen zu äußern.

8.8 Der Weg zurück zu den Anfängen

Das grundlegende Prinzip, dass die Kirche eine andere Aufgabe hat als der Staat, wird die Zukunft der katholischen Kirche in Deutschland bestimmen, aber nicht mehr in der Masse, sondern mit der Qualität. Es geht darum, dass der katholische Glaube wieder dadurch eine überzeugende Gestalt gewinnt, dass die Kirche mit diesen ihren Mitgliedern, die sich freiwillig aus ihrer persönlichen Überzeugung heraus angeschlossen haben, das tun kann, was ihr Auftrag ist. Die Bekehrung von Nichtgläubigen kann nur durch das gelebte Beispiel erfolgen. Aus dieser Grundform, Salz der Erde zu sein, ist die Kirche entstanden. Ein katholischer Bischof ist nur der Hirte seiner eigenen Herde. Nur wenn er von außen, von Personen oder Einrichtungen, die nicht Teil der Kirche sind, eindeutig um Rat gefragt werden sollte, kann er ihn geben, und das eigentlich nur, wenn seine Argumente im konkreten Leben der Christen anschaubar sind. Ein Beispiel: Wenn die Kirche die Gesellschaft ermahnt, gegen die unbegrenzte Abtreibung zu sein, es aber unter den Christen ganz anders praktiziert wird, dann müsste er sich zuerst an die Christen selbst wenden. Es ist nicht sinnvoll, der säkularen Gesellschaft von der Kirche her theoretisch vorzuschreiben, was sie zu denken, zu tun und zu lassen hat, wobei im Leben der Christen selbst längst nicht mehr so gehandelt wird.

Als Alternative für eine dem kirchlichen Auftrag und Selbstverständnis entsprechende Finanzierung bietet sich die Möglichkeit der Mandatssteuer an, wie sie sich in Italien inzwischen bewährt hat. Das System ist dem bisherigen System etwas ähnlicher als die ganz freie Finanzierung nach Art der Freikirchen oder in der Art der katholischen Kirche in Übersee, und dürfte deshalb der deutschen Mentalität näherkommen. Für den nicht einfachen, längeren Übergang wird man vernünftige und sozial verträgliche Lösungen suchen müssen.

Der Vorteil einer baldigen Änderung wäre es, dass die Kirchen derzeit noch bei den erforderlichen Verhandlungen zu einer neuen Vertragsregelung mitreden könnten. Wenn innerhalb der nächsten zehn Jahre keine einvernehmliche Änderung erfolgt, wird die Änderung durch die gesellschaftliche Entwicklung und durch den unaufhaltsamen, vermutlich immer schnelleren, Rückgang der Kirchensteuerzahler erzwungen werden, dann mit Sicherheit von einer Minderheitsposition der Christen aus. Dass eine Änderung erfolgen muss, ist nicht zu verhindern, höchstens kann sie noch einige Zeit hinausgezögert werden.

9 Zusammenfassung

Die Art der Finanzierung der katholischen Kirche in Deutschland hat sich über Jahrhunderte entwickelt. Durch eine Aufeinanderfolge von günstigen Verhältnissen seit der Säkularisation von 1803 konnte durch alle Änderungen der Staatsform und der Verfassung hindurch eine ungewöhnlich große Privilegierung bis in die Bundesrepublik Deutschland hinein erhalten werden. Sie hat dazu geführt, dass die Kirche heute die größte Wohlfahrtsorganisation im Land ist. Die Führung einer solchen Riesenorganisation nach demokratischen und rechtsstaatlichen Gesichtspunkten ist nicht kompatibel mit den Aufgaben der Kirche als Glaubensgemeinschaft. Eine strukturelle Dysfunktion beherrscht die Lage. Ziele und Wirklichkeit stimmen nicht mehr überein. Verstärkt wird die Unsicherheit durch die staatlichen theologischen Fakultäten, die im Verein mit der Presse ihre eigenen wissenschaftlichen Erkenntnisse verbreiten. Dadurch sind die Bischöfe vor untragbare Anforderungen gestellt, die Katholiken sind verwirrt und können nicht mehr verstehen, um was es eigentlich geht.

Der Versuch, die Kirche durch die im „Synodalen Weg" formulierten Ziele zu reformieren ist bei dieser Lage verständlich. Sein grundlegendes Problem ist, dass er nicht am wirklichen „Grund" ansetzt, sondern die gesamte verfassungsrechtliche und finanzielle Situation der Kirche in Deutschland nicht antasten möchte. Es geht vielfach nur darum, wer nun „das Sagen" hat bei der großen Macht, die die Kirche noch besitzt. Eine Demokratisierung der Organisation soll die erhoffte Reform bringen. Erfolgreiche Reformen in der Kirchengeschichte, wie z. B. Cluny, die Bewegung der Franziskaner, das Konzil von Trient usw., die immer inhaltlich waren, werden nicht als Beispiel herangezogen.

Es ist für den Beobachter von außen offensichtlich, dass sich die „parastaatliche" Kirche in Deutschland derzeit selbst zerlegt, obwohl bzw. weil

sie so viel Kapital und laufende Einnahmen besitzt. Der vielfach existie-
rende große bürokratische Apparat ist ohne geistliche Führung nicht überle-
bensfähig. Die Abspaltung von der kirchentreuen Richtung ist zwar offiziell
noch nicht vollzogen, im Inneren aber unübersehbar. Das Kirchenrecht, das
unter anderem ja auch den einzelnen Christen vor Willkürentscheidungen
der Führung schützen soll, wird häufig ignoriert oder verbogen.

Nach wie vor ist die grundlegende gesetzliche Einordnung der Kirche
in die staatliche Ordnung der Bundesrepublik Deutschland durch das sog.
„Hitlerkonkordat" von 1933 geprägt. Es wurde von der Kirche nie gekün-
digt, weil sie befürchtete, ihre – überwiegend finanziellen – Vorteile durch
die staatlich eingetriebene Kirchensteuer zu verlieren. Auch die Mehrheits-
parteien in der Politik wollen bisher die bei Abschaffung dieser Steuer
für den Staat auftretende finanzielle Mehrbelastung vermeiden und keine
grundsätzlichen Strukturänderungen durchführen.

Von einem vernünftigen Denken her gesehen ist der Zustand nicht mehr
lange haltbar. Eine baldige Reform der Kirchenfinanzierung ist für den Erhalt der Kirche als geistliche Größe unabdingbar. Es müssen wieder reale
Verhältnisse hergestellt werden, dass der Bürger, der Christ sein möchte,
freiwillig seinen Beitrag für die Glaubensgemeinschaft ohne Verknüpfung
mit dem Staat leistet. Das Mandatsmodell ähnlich wie in Italien, Spani-
en und Ungarn, könnte dafür geeignet sein. Ein Befreiungsschlag in diese
Richtung wird einen sehr großen Umbruch in die Gesellschaft bringen, der
jedoch auf Dauer sowieso nicht vermieden werden kann: Es wird klar werden, dass die praktizierenden Christen eine Minderheit im Land sind. Die
Kirche wird dadurch aber in die Lage versetzt, ihrer Aufgabe als „Salz der
Erde" wieder gerecht zu werden.

ANLAGE 1A

KONKORDAT

ZWISCHEN DEM HEILIGEN STUHL UND DEM DEUTSCHEN REICH

Seine Heiligkeit Papst Pius XI. und der Deutsche Reichspräsident, von dem gemeinsamen Wunsche geleitet, die zwischen dem Heiligen Stuhl und dem Deutschen Reich bestehenden freundschaftlichen Beziehungen zu festigen und zu fördern,
gewillt, das Verhältnis zwischen der katholischen Kirche und dem Staat für den Gesamtbereich des Deutschen Reiches in einer beide Teile befriedigenden Weise dauernd zu regeln,
haben beschlossen, eine feierliche Übereinkunft zu treffen, welche die mit einzelnen deutschen Ländern abgeschlossenen Konkordate ergänzen und auch für die übrigen Länder eine in den Grundsätzen einheitliche Behandlung der einschlägigen Fragen sichern soll.
Zu diesem Zweck haben
Seine Heiligkeit Papst Pius XI. zu Ihrem Bevollmächtigten
Seine Eminenz den Hochwürdigsten Herrn Kardinal Eugen Pacelli, Ihren Staatssekretär,
und der Deutsche Reichspräsident zum Bevollmächtigten den Vizekanzler des Deutschen Reiches, Herrn Franz von Papen,
ernannt, die, nachdem sie ihre beiderseitigen Vollmachten ausgetauscht und in guter und gehöriger Form befunden haben, über folgende Artikel übereingekommen sind:

Artikel 1

Das Deutsche Reich gewährleistet die Freiheit des Bekenntnisses und der öffentlichen Ausübung der katholischen Religion.
Es anerkennt das Recht der katholischen Kirche, innerhalb der Grenzen des für alle geltenden Gesetzes, ihre Angelegenheiten selbständig zu ordnen und zu verwalten und im Rahmen ihrer Zuständigkeit für ihre Mitglieder bindende Gesetze und Anordnungen zu erlassen.

Artikel 2

Die mit Bayern (1924), Preußen (1929) und Baden (1932) abgeschlossenen Konkordate bleiben bestehen und die in ihnen anerkannten Rechte und Freiheiten der katholischen Kirche innerhalb der betreffenden Staatsgebiete unverändert gewahrt. Für die übrigen Länder greifen die in dem vorliegenden Konkordat getroffenen Vereinbarungen in ihrer Gesamtheit Platz. Letztere sind auch für die obengenannten drei Länder verpflichtend, soweit sie Gegenstände betreffen, die in den Länderkonkordaten nicht geregelt wurden oder soweit sie die früher getroffene Regelung ergänzen.

In Zukunft wird der Abschluß von Länderkonkordaten nur im Einvernehmen mit der Reichsregierung erfolgen.

Artikel 3

Um die guten Beziehungen zwischen dem Heiligen Stuhl und dem Deutschen Reich zu pflegen, wird wie bisher ein Apostolischer Nuntius in der Hauptstadt des Deutschen Reiches und ein Botschafter des Deutschen Reiches beim Heiligen Stuhl residieren.

Artikel 4

Der Heilige Stuhl genießt in seinem Verkehr und seiner Korrespondenz mit den Bischöfen, dem Klerus und den übrigen Angehörigen der katholischen Kirche in Deutschland volle Freiheit. Dasselbe gilt für die Bischöfe und sonstigen Diözesanbehörden für ihren Verkehr mit den Gläubigen in allen Angelegenheiten ihres Hirtenamtes.

Anweisungen, Verordnungen, Hirtenbriefe, amtliche Diözesanblätter und sonstige die geistliche Leitung der Gläubigen betreffende Verfügungen, die von den kirchlichen Behörden im Rahmen ihrer Zuständigkeit (Art. 1 Abs. 2) erlassen werden, können ungehindert veröffentlicht und in den bisher üblichen Formen zur Kenntnis der Gläubigen gebracht werden.

Artikel 5

In Ausübung ihrer geistlichen Tätigkeit genießen die Geistlichen in gleicher Weise wie die Staatsbeamten den Schutz des Staates. Letzterer wird gegen Beleidigungen ihrer Person oder ihrer Eigenschaft als Geistliche sowie gegen Störungen ihrer Amtshandlungen nach Maßgabe der allgemeinen staatlichen Gesetzgebung vorgehen und im Bedarfsfall behördlichen Schutz gewähren.

Artikel 6

Kleriker und Ordensleute sind frei von der Verpflichtung zur Übernahme öffentlicher Ämter und solcher Obliegenheiten, die nach den Vorschriften des kanonischen Rechtes mit dem geistlichen Stande bzw. dem Ordensstande nicht vereinbar sind. Dies gilt insbesondere von dem Amt eines Schöffen, eines Geschworenen, eines Mitglieds der Steuerausschüsse oder der Finanzgerichte.

Artikel 7

Zur Annahme einer Anstellung oder eines Amtes im Staat oder bei einer von ihm abhängigen Körperschaft des öffentlichen Rechtes bedürfen Geistliche des Nihil obstat ihres Diözesanordinarius sowie des Ordinarius des Sitzes der öffentlich-rechtlichen Körperschaft. Das Nihil obstat ist jederzeit aus wichtigen Gründen kirchlichen Interesses widerrufbar.

Artikel 8

Das Amtseinkommen der Geistlichen ist in gleichem Maße von der Zwangsvollstreckung befreit wie die Amtsbezüge der Reichs- und Staatsbeamten.

Artikel 9

Geistliche können von Gerichtsbehörden und anderen Behörden nicht um Auskünfte über Tatsachen angehalten werden, die ihnen bei Ausübung der

Seelsorge anvertraut worden sind und deshalb unter die Pflicht der seelsor-
gerlichen Verschwiegenheit fallen.

Artikel 10

Der Gebrauch geistlicher Kleidung oder des Ordensgewandes durch Laien
oder durch Geistliche oder Ordenspersonen, denen dieser Gebrauch durch
die zu ständige Kirchenbehörde durch endgültige, der Staatsbehörde amt-
lich bekanntgegebene Anordnung rechtskräftig verboten worden ist, unterliegt staatlicherseits den gleichen Strafen wie der Mißbrauch der militärischen Uniform.

Artikel 11

Die gegenwärtige Diözesanorganisation und -zirkumskription der katholischen Kirche im Deutschen Reich bleibt bestehen. Eine in Zukunft etwa erforderlich erscheinende Neueinrichtung eines Bistums oder einer Kirchenprovinz oder sonstige Änderungen der Diözesanzirkumskription bleiben, soweit es sich um Neubildungen innerhalb der Grenzen eines deutschen Landes handelt, der Vereinbarung mit der zuständigen Landesregierung vorbehalten. Bei Neubildungen oder Änderungen, die über die Grenzen eines deutschen Landes hinausgreifen, erfolgt die Verständigung mit
der Reichsregierung, der es überlassen bleibt, die Zustimmung der in Frage kommenden Länderregierungen herbeizuführen. Dasselbe gilt entsprechend für die Neuerrichtung oder Änderung von Kirchenprovinzen, falls
mehrere deutsche Länder daran beteiligt sind. Auf kirchliche Grenzverle-
gungen, die lediglich im Interesse der örtlichen Seelsorge erfolgen, finden
die vorstehenden Bedingungen keine Anwendung.
Bei etwaigen Neugliederungen innerhalb des Deutschen Reiches wird sich
die Reichsregierung zwecks Neuordnung der Diözesanorganisation und
-zirkumskription mit dem Heiligen Stuhl in Verbindung setzen.

Artikel 12

Unbeschadet der Bestimmungen des Artikels 11 können kirchliche Ämter
frei errichtet und umgewandelt werden, falls Aufwendungen aus Staatsmit-

teln nicht beansprucht werden. Die staatliche Mitwirkung bei der Bildung und Veränderung von Kirchengemeinden erfolgt nach Richtlinien, die mit den Diözesanbischöfen vereinbart werden und für deren möglichst einheitliche Gestaltung die Reichsregierung bei den Länderregierungen wirken wird.

Artikel 13

Die katholischen Kirchengemeinden, Kirchengemeindeverbände und Diözesanverbände, die Bischöflichen Stühle, Bistümer und Kapitel, die Orden und religiösen Genossenschaften sowie die unter Verwaltung kirchlicher Organe gestellten Anstalten, Stiftungen und Vermögensstücke der katholischen Kirche behalten bzw. erlangen die Rechtsfähigkeit für den staatlichen Bereich nach den allgemeinen Vorschriften des staatlichen Rechts. Sie bleiben Körperschaften des öffentlichen Rechtes, soweit sie solche bisher waren; den anderen können die gleichen Rechte nach Maßgabe des für alle geltenden Gesetzes gewährt werden.

Artikel 14

Die Kirche hat grundsätzlich das freie Besetzungsrecht für alle Kirchenämter und Benefizien ohne Mitwirkung des Staates oder der bürgerlichen Gemeinden, soweit nicht durch die im Artikel 2 genannten Konkordate andere Vereinbarungen getroffen sind. Bezüglich der Besetzung von Bischöflichen Stühlen findet auf die beiden Suffraganbistümer Rottenburg und Mainz wie auch für das Bistum Meißen die für den Metropolitansitz der Oberrheinischen Kirchenprovinz Freiburg getroffene Regelung entsprechende Anwendung. Das gleiche gilt für die erstgenannten zwei Suffraganbistümer bezüglich der Besetzung von domkapitularischen Stellen und der Regelung des Patronatsrechtes.
Außerdem besteht Einvernehmen über folgende Punkte:
1. Katholische Geistliche, die in Deutschland ein geistliches Amt bekleiden oder eine seelsorgerliche oder Lehrtätigkeit ausüben, müssen:
    a) deutsche Staatsangehörige sein,

b) ein zum Studium an einer deutschen höheren Lehranstalt berechtigendes Reifezeugnis erworben haben,

c) auf einer deutschen staatlichen Hochschule, einer deutschen kirchlichen akademischen Lehranstalt oder einer päpstlichen Hochschule in Rom ein wenigstens dreijähriges philosophisch-theologisches Studium abgelegt haben.

2. Die Bulle für die Ernennung von Erzbischöfen, Bischöfen, eines Koadjutors cum iure successionis oder eines Praelatus nullius wird erst ausgestellt, nachdem der Name des dazu Ausersehenen dem Reichsstatthalter in dem zuständigen Lande mitgeteilt und festgestellt ist, daß gegen ihn Bedenken allgemein politischer Natur nicht bestehen.

Bei kirchlichem und staatlichem Einverständnis kann von den im Absatz 2, Ziffer 1 a, b und c genannten Erfordernissen abgesehen werden.

Artikel 15

Orden und religiöse Genossenschaften unterliegen in bezug auf ihre Gründung, Niederlassung, die Zahl und – vorbehaltlich Artikel 15 Absatz 2 – die Eigenschaften ihrer Mitglieder, ihre Tätigkeit in der Seelsorge, im Unterricht, in Krankenpflege und karitativer Arbeit, in der Ordnung ihrer Angelegenheiten und der Verwaltung ihres Vermögens staatlicherseits keiner besonderen Beschränkung.

Geistliche Ordensobere, die innerhalb des Deutschen Reiches ihren Amtssitz haben, müssen die deutsche Staatsangehörigkeit besitzen. Provinz – und Ordensoberen, deren Amtssitz außerhalb des deutschen Reichsgebietes liegt, steht, auch wenn sie anderer Staatsangehörigkeit sind, das Visitationsrecht bezüglich ihrer in Deutschland liegenden Niederlassungen zu.

Der Heilige Stuhl wird dafür Sorge tragen, daß für die innerhalb des Deutschen Reiches bestehenden Ordensniederlassungen die Provinzorganisation so eingerichtet wird, daß die Unterstellung deutscher Niederlassungen unter ausländische Provinzialobere tunlichst entfällt. Ausnahmen hiervon können im Einvernehmen mit der Reichsregierung zugelassen werden, insbesondere in solchen Fällen, wo die geringe Zahl der Niederlassungen die Bildung einer deutschen Provinz untunlich macht oder wo besondere Grün-

de vorliegen, eine geschichtlich gewordene und sachlich bewährte Provinzorganisation bestehen zu lassen.

Artikel 16

Bevor die Bischöfe von ihrer Diözese Besitz ergreifen, leisten sie in die
Hand des Reichsstatthalters in dem zuständigen Lande bzw. des Reichspräsidenten einen Treueid nach folgender Formel:
„Vor Gott und auf die heiligen Evangelien schwöre und verspreche ich, so
wie es einem Bischof geziemt, dem Deutschen Reich und dem Lande...
Treue. Ich schwöre und verspreche, die verfassungsmäßig gebildete Regierung zu achten und von meinem Klerus achten zu lassen. In der pflichtmäßigen Sorge um das Wohl und das Interesse des deutschen Staatswesens
werde ich in Ausübung des mir übertragenen geistlichen Amtes jeden Schaden zu verhüten trachten, der es bedrohen könnte."

Artikel 17

Das Eigentum und andere Rechte der öffentlich-rechtlichen Körperschaften, der Anstalten, Stiftungen und Verbände der katholischen Kirche an
ihrem Vermögen werden nach Maßgabe der allgemeinen Staatsgesetze gewährleistet.
Aus keinem irgendwie gearteten Grunde darf ein Abbruch von gottesdienst-
lichen Gebäuden erfolgen, es sei denn nach vorherigem Einvernehmen mit
der zuständigen kirchlichen Behörde.

Artikel 18

Falls die auf Gesetz, Vertrag oder besonderen Rechtstiteln beruhenden
Staatsleistungen an die katholische Kirche abgelöst werden sollten, wird
vor der Ausarbeitung der für die Ablösung aufzustellenden Grundsätze
rechtzeitig zwischen dem Heiligen Stuhl und dem Reich ein freundschaft-
liches Einvernehmen herbeigeführt werden.
Zu den besonderen Rechtstiteln zählt auch das rechtsbegründete Herkom-
men.

Die Ablösung muß den Ablösungsberechtigten einen angemessenen Ausgleich für den Wegfall der bisherigen staatlichen Leistungen gewähren.

Artikel 19

Die katholisch-theologischen Fakultäten an den staatlichen Hochschulen bleiben erhalten. Ihr Verhältnis zur kirchlichen Behörde richtet sich nach den in den einschlägigen Konkordaten und dazugehörenden Schlußprotokollen festgelegten Bestimmungen unter Beachtung der einschlägigen kirchlichen Vorschriften. Die Reichsregierung wird sich angelegen sein lassen, für sämtliche in Frage kommenden katholischen Fakultäten Deutschlands eine der Gesamtheit der einschlägigen Bestimmungen entsprechende einheitliche Praxis zu sichern.

Artikel 20

Die Kirche hat das Recht, soweit nicht andere Vereinbarungen vorliegen, zur Ausbildung des Klerus philosophische und theologischen Lehranstalten zu errichten, die ausschließlich von der kirchlichen Behörde abhängen, falls keine staatlichen Zuschüsse verlangt werden.

Die Errichtung, Leitung und Verwaltung der Priesterseminare sowie der kirchlichen Konvikte steht, innerhalb der Grenzen des für alle geltenden Gesetzes, ausschließlich den kirchlichen Behörden zu.

Artikel 21

Der katholische Religionsunterricht in den Volksschulen, Berufsschulen, Mittelschulen und höheren Lehranstalten ist ordentliches Lehrfach und wird in Übereinstimmung mit den Grundsätzen der katholischen Kirche erteilt. Im Religionsunterricht wird die Erziehung zu vaterländischem, staatsbürgerlichem und sozialem Pflichtbewußtsein aus dem Geiste des christlichen Glaubens- und Sittengesetzes mit besonderem Nachdruck gepflegt werden, ebenso wie es im gesamten übrigen Unterricht geschieht. Lehrstoff und Auswahl der Lehrbücher für den Religionsunterricht werden im Einvernehmen mit der kirchlichen Oberbehörde festgesetzt. Den kirchlichen

Oberbehörden wird Gelegenheit gegeben werden, im Einvernehmen mit der Schulbehörde zu prüfen, ob die Schüler Religionsunterricht in Übereinstimmung mit den Lehren und Anforderungen der Kirche erhalten.

Artikel 22

Bei der Anstellung von katholischen Religionslehrern findet Verständigung zwischen dem Bischof und der Landesregierung statt. Lehrer, die wegen ihrer Lehre oder sittlichen Führung vom Bischof zur weiteren Erteilung des Religionsunterrichtes für ungeeignet erklärt worden sind, dürfen, solange dies Hindernis besteht, nicht als Religionslehrer verwendet werden.

Artikel 23

Die Beibehaltung und Neueinrichtung katholischer Bekenntnisschulen bleibt gewährleistet. In allen Gemeinden, in denen Eltern oder sonstige Erziehungsberechtigte es beantragen, werden katholische Volksschulen errichtet werden, wenn die Zahl der Schüler unter gebührender Berücksichtigung der örtlichen schulorganisatorischen Verhältnisse einen nach Maßgabe der staatlichen Vorschriften geordneten Schulbetrieb durchführbar erscheinen läßt.

Artikel 24

An allen katholischen Volksschulen werden nur solche Lehrer angestellt, die der katholischen Kirche angehören und Gewähr bieten, den besonderen Erfordernissen der katholischen Bekenntnisschule zu entsprechen.

Im Rahmen der allgemeinen Berufausbildung der Lehrer werden Einrichtungen geschaffen, die eine Ausbildung katholischer Lehrer entsprechend den besonderen Erfordernissen der katholischen Bekenntnisschule gewährleisten.

Artikel 25

Orden und religiöse Kongregationen sind im Rahmen der allgemeinen Gesetze und gesetzlichen Bedingungen zur Gründung und Führung von Privatschulen berechtigt. Diese Privatschulen geben die gleichen Berechtigungen wie die staatlichen Schulen, soweit sie die lehrplanmäßigen Vorschriften für letztere erfüllen.

Für Angehörige von Orden oder religiösen Genossenschaften gelten hinsichtlich der Zulassung zum Lehramte und für die Anstellung an Volksschulen, mittleren oder höheren Lehranstalten die allgemeinen Bedingungen.

Artikel 26

Unter Vorbehalt einer umfassenderen späteren Regelung der eherechtlichen Fragen besteht Einverständnis darüber, daß, außer im Falle einer lebensgefährlichen, einen Aufschub nicht gestattenden Erkrankung eines Verlobten, auch im Falle schweren sittlichen Notstandes, dessen Vorhandensein durch die zuständige bischöfliche Behörde bestätigt sein muß, die kirchliche Einsegnung der Ehe vor der Ziviltrauung vorgenommen werden darf. Der Pfarrer ist in solchen Fällen verpflichtet, dem Standesamt unverzüglich Anzeige zu erstatten.

Artikel 27

Der Deutschen Reichswehr wird für die zu ihr gehörenden katholischen Offiziere, Beamten und Mannschaften sowie deren Familien eine exemte Seelsorge zugestanden.

Die Leitung der Militärseelsorge obliegt dem Armeebischof. Seine kirchliche Ernennung erfolgt durch den Heiligen Stuhl, nachdem letzterer sich mit der Reichsregierung in Verbindung gesetzt hat, um im Einvernehmen mit ihr eine geeignete Persönlichkeit zu bestimmen.

Die kirchliche Ernennung der Militärpfarrer und sonstigen Militärgeistlichen erfolgt nach vorgängigem Benehmen mit der zuständigen Reichsbehörde durch den Armeebischof. Letzterer kann nur solche Geistliche ernennen, die von ihrem zuständigen Diözesanbischof die Erlaubnis zum Eintritt in die Militärseelsorge und ein entsprechendes Eignungszeugnis erhalten haben. Die Militärgeistlichen haben für die ihnen zugewiesenen Truppen und Heeresangehörigen Pfarrechte.

Die näheren Bestimmungen über die Organisation der katholischen Heeresseelsorge erfolgen durch ein Apostolisches Breve. Die Regelung der beamtenrechtlichen Verhältnisse erfolgt durch die Reichsregierung.

Artikel 28

In Krankenhäusern, Strafanstalten und sonstigen Häusern der öffentlichen Hand wird die Kirche im Rahmen der allgemeinen Hausordnung zur Vornahme seelsorgerlicher Besuche und gottesdienstlicher Handlungen zugelassen. Wird in solchen Anstalten eine regelmäßige Seelsorge eingerichtet und müssen hierfür Geistliche als Staats- oder sonstige öffentliche Beamte eingestellt werden, so geschieht dies im Einvernehmen mit der kirchlichen Oberbehörde.

Artikel 29

Die innerhalb des Deutschen Reiches wohnhaften katholischen Angehörigen einer nichtdeutschen völkischen Minderheit werden bezüglich der Berücksichtigung ihrer Muttersprache in Gottesdienst, Religionsunterricht und kirchlichem Vereinswesen nicht weniger günstig gestellt werden, als der rechtlichen und tatsächlichen Lage der Angehörigen deutscher Abstammung und Sprache innerhalb des Gebietes des entsprechenden fremden Staates entspricht.

Artikel 30

An den Sonntagen und den gebotenen Feiertagen wird in den Bischofskirchen sowie in den Pfarr-, Filial- und Klosterkirchen des Deutschen Reiches im Anschluß an den Hauptgottesdienst, entsprechend den Vorschriften der kirchlichen Liturgie, ein Gebet für das Wohlergehen des Deutschen Reiches und Volkes eingelegt.

Artikel 31

Diejenigen katholischen Organisationen und Verbände, die ausschließlich religiösen, rein kulturellen und karitativen Zwecken dienen und als solche der kirchlichen Behörde unterstellt sind, werden in ihren Einrichtungen und in ihrer Tätigkeit geschützt.

Diejenigen katholischen Organisationen, die außer religiösen, kulturellen oder karitativen Zwecken auch anderen, darunter auch sozialen oder berufsständischen Aufgaben dienen, sollen, unbeschadet einer etwaigen Einordnung in staatliche Verbände, den Schutz des Artikel 31 Absatz 1 genießen, sofern sie Gewähr dafür bieten, ihre Tätigkeit außerhalb jeder politischen Partei zu entfalten.

Die Feststellung der Organisationen und Verbände, die unter die Bestimmungen dieses Artikels fallen, bleibt vereinbarlicher Abmachung zwischen der Reichsregierung und dem deutschen Episkopat vorbehalten.

Insoweit das Reich und die Länder sportliche oder andere Jugendorganisationen betreuen, wird Sorge getragen werden, daß deren Mitgliedern die Ausübung ihrer kirchlichen Verpflichtungen an Sonn- und Feiertagen regelmäßig ermöglicht wird und sie zu nichts veranlaßt werden, was mit ihren religiösen und sittlichen Überzeugungen und Pflichten nicht vereinbar wäre.

Artikel 32

Auf Grund der in Deutschland bestehenden besonderen Verhältnisse wie im Hinblick auf die durch die Bestimmungen des vorstehenden Konkordats geschaffenen Sicherungen einer die Rechte und Freiheiten der katholischen Kirche im Reich und seinen Ländern wahrenden Gesetzgebung erläßt der Heilige Stuhl Bestimmungen, die für die Geistlichen und Ordensleute die Mitgliedschaft in politischen Parteien und die Tätigkeit für solche Parteien ausschließen.

Artikel 33

Die auf kirchliche Personen oder kirchliche Dinge bezüglichen Materien, die in den vorstehenden Artikeln nicht behandelt wurden, werden für den kirchlichen Bereich dem geltenden kanonischen Recht gemäß geregelt.

Sollte sich in Zukunft wegen der Auslegung oder Anwendung einer Bestimmung dieses Konkordates irgendeine Meinungsverschiedenheit ergeben, so werden der Heilige Stuhl und das Deutsche Reich im gemeinsamen Einvernehmen eine freundschaftliche Lösung herbeiführen.

Artikel 34

Das vorliegende Konkordat, dessen deutscher und italienischer Text gleiche Kraft haben, soll ratifiziert und die Ratifikationsurkunden baldigst ausgetauscht werden. Es tritt mit dem Tag ihres Austausches in Kraft.
Zu Urkund dessen haben die Bevollmächtigten dieses Konkordat unterzeichnet.
Geschehen in doppelter Urschrift.

In der Vatikanstadt, am 20. Juli 1933.

Franz von Papen
Eugenio Cardinale Pacelli

SCHLUSSPROTOKOLL

Bei der Unterzeichnung des am heutigen Tage abgeschlossenen Konkordats zwischen dem Heiligen Stuhl und dem Deutschen Reich haben die ordnungsmäßig bevollmächtigten Unterzeichneten folgende übereinstimmende Erklärungen abgegeben, die einen integrierenden Bestandteil des Konkordats selbst bilden.

Zu Artikel 3

Der Apostolische Nuntius beim Deutschen Reich ist, entsprechend dem Notenwechsel zwischen der Apostolischen Nuntiatur in Berlin und dem Auswärtigen Amt vom 11. und 27. März 1930, Doyen des dort akkreditierten Diplomatischen Korps.

Zu Artikel 13

Es besteht Einverständnis darüber, daß das Recht der Kirche, Steuern zu erheben, gewährleistet bleibt.

Zu Artikel 14 Absatz 2 Ziffer 2

Es besteht Einverständnis darüber, daß, sofern Bedenken allgemein politischer Natur bestehen, solche in kürzester Frist vorgebracht werden. Liegt nach Ablauf von 20 Tagen eine derartige Erklärung nicht vor, so wird der Heilige Stuhl berechtigt sein, anzunehmen, daß Bedenken gegen den Kandidaten nicht bestehen. Über die in Frage stehenden Persönlichkeiten wird bis zur Veröffentlichung der Ernennung volle Vertraulichkeit gewahrt werden.
Ein staatliches Vetorecht soll nicht begründet werden.

Zu Artikel 17

Soweit staatliche Gebäude oder Grundstücke Zwecken der Kirche gewidmet sind, bleiben sie diesen, unter Wahrung etwa bestehender Verträge, nach wie vor überlassen.

Zu Artikel 19 Satz 2

Die Grundlage bietet zur Zeit des Konkordatsabschlusses besonders die Apostolische Konstitution „Deus scientiarum Dominus" vom 24. Mai 1931 und die Instruktion vom 7. Juli 1932.

Zu Artikel 20

Die unter Leitung der Kirche stehenden Konvikte an Hochschulen und Gymnasien werden in steuerrechtlicher Hinsicht als wesentliche kirchliche Institutionen im eigentlichen Sinne und als Bestandteil der Diözesanorganisation anerkannt.

Zu Artikel 24

Soweit nach Neuordnung der Lehrerbildungswesens Privatanstalten in der Lage sind, den allgemein geltenden staatlichen Anforderungen für Ausbildung von Lehrern oder Lehrerinnen zu entsprechen, werden bei ihrer Zulassung auch bestehende Anstalten der Orden und Kongregationen entsprechend berücksichtigt werden.

Zu Artikel 26

Ein schwerer sittlicher Notstand liegt vor, wenn es auf unüberwindliche oder nur mit unverhältnismäßigem Aufwand zu beseitigende Schwierigkeiten stößt, die zur Eheschließung erforderlichen Urkunden rechtzeitig beizubringen.

Zu Artikel 27 Absatz 19

Die katholischen Offiziere, Beamten und Mannschaften sowie deren Familien gehören nicht den Ortskirchengemeinden an und tragen nicht zu deren Lasten bei.

Absatz 4

Der Erlaß des Apostolischen Breve erfolgt im Benehmen mit der Reichsregierung.

Zu Artikel 28

In dringenden Fällen ist der Zutritt dem Geistlichen jederzeit zu gewähren.

Zu Artikel 29

Nachdem die Deutsche Reichsregierung sich zu dem Entgegenkommen in bezug auf nichtdeutsche Minderheiten bereitgefunden hat, erklärt der Heilige Stuhl, in Bekräftigung seiner stets vertretenen Grundsätze bezüglich des Rechtes der Muttersprache in der Seelsorge, im Religionsunterricht und im katholischen Vereinsleben, bei künftigen konkordatären Abmachungen mit anderen Ländern auf die Aufnahme einer gleichwertigen, die Rechte der deutschen Minderheiten schützende Bestimmung Bedacht nehmen zu wollen.

Zu Artikel 31 Absatz 4

Die im Artikel 31 Absatz 4 niedergelegten Grundsätze gelten auch für den Arbeitsdienst.

Zu Artikel 32

Es herrscht Einverständnis darüber, daß vom Reich bezüglich der nicht-katholischen Konfessionen gleiche Regelungen betreffend parteipolitische Betätigung veranlaßt werden.

Das den Geistlichen und Ordensleuten Deutschlands in Ausführung des Artikels 32 zur Pflicht gemachte Verhalten bedeutet keinerlei Einengung der pflichtmäßigen Verkündung und Erläuterung der dogmatischen und sittlichen Lehren und Grundsätze der Kirche.

In der Vatikanstadt, am 20. Juli 1933.

Franz von Papen
Eugenio Cardinale Pacelli

Hier nach: Konkordat zwischen dem Heiligen Stuhl und dem Deutschen Reich, 20. Juli 1933, in: Reichsgesetzblatt II. 1933, S. 679–690, BArch R 5101/21674, Bl. 120–125.

99 + 2C

Reichsgesetzblatt

679

Teil II

| 1933 | Ausgegeben zu Berlin, den 18. September 1933 | Nr. 38 |

Inhalt: Bekanntmachung über das Konkordat zwischen dem Deutschen Reich und dem Heiligen Stuhl. Vom 12. September 1933 . . . . S 679

Bekanntmachung über das Konkordat zwischen dem Deutschen Reich und dem Heiligen Stuhl.

Vom 12. September 1933.

Am 20. Juli 1933 ist in der Vatikanstadt zwischen Vertretern des Deutschen Reichs und des Heiligen Stuhls ein Konkordat unterzeichnet worden. Das Konkordat und das dazugehörende Schlußprotokoll werden nachstehend veröffentlicht.

Das Konkordat ist ratifiziert worden. Der Austausch der Ratifikationsurkunden hat am 10. September 1933 in der Vatikanstadt stattgefunden. Das Konkordat und das Schlußprotokoll sind gemäß Artikel 34 des Konkordats am 10. September 1933 in Kraft getreten.

Zur Ausführung des Konkordats ist das im Reichsgesetzblatt von 1933 Teil I Seite 625 veröffentlichte Gesetz vom 12. September 1933 ergangen.

Berlin, den 12. September 1933.

Der Reichsminister des Auswärtigen

Freiherr von Neurath

Der Reichsminister des Innern

Frick

Konkordat

zwischen dem Heiligen Stuhl und dem Deutschen Reich

Seine Heiligkeit Papst Pius XI. und der Deutsche Reichspräsident, von dem gemeinsamen Wunsche geleitet, die zwischen dem Heiligen Stuhl und dem Deutschen Reich bestehenden freundschaftlichen Beziehungen zu festigen und zu fördern,

gewillt, das Verhältnis zwischen der katholischen Kirche und dem Staat für den Gesamtbereich des Deutschen Reiches in einer beide Teile befriedigenden

Concordato

fra la S. Sede ed il Reich Germanico

Sua Santità il Sommo Pontefice Pio XI e il Presidente del Reich Germanico,

concordi nel desiderio di consolidare e sviluppare le relazioni amichevoli esistenti fra la Santa Sede e il Reich Germanico,

volendo regolare i rapporti fra la Chiesa Cattolica e lo Stato per tutto il territorio del Reich Germanico in modo stabile e soddisfacente

Reichsgesetzblatt

Teil I

| 1933 | Ausgegeben zu Berlin, den 18. September 1933 | Nr. 99 |

Gesetz zur Durchführung des Reichskonkordats.
Vom 12. September 1933.

Die Reichsregierung hat das folgende Gesetz beschlossen, das hiermit verkündet wird:

Der Reichsminister des Innern wird ermächtigt, die zur Durchführung der Bestimmungen des Reichskonkordats erforderlichen Rechts- und Verwaltungsvorschriften zu erlassen.

Berlin, den 12. September 1933.

Der Reichskanzler
Adolf Hitler

Der Reichsminister des Auswärtigen
Freiherr von Neurath

Der Reichsminister des Innern
Frick

Gesetz über Wirtschaftswerbung.
Vom 12. September 1933.

Die Reichsregierung hat das folgende Gesetz beschlossen, das hiermit verkündet wird:

§ 1

Zwecks einheitlicher und wirksamer Gestaltung

§ 2

Die Mitglieder des Werberats werden vom Reichsminister für Volksaufklärung und Propaganda im Einvernehmen mit den zuständigen Fachministern berufen.

Der Werberat untersteht der Aufsicht des Reichsministers für Volksaufklärung und Propaganda, die im Einvernehmen mit den für die Wirtschaftspolitik zuständigen Reichsministern ausgeübt wird.

§ 3

Wer Wirtschaftswerbung ausführt, bedarf einer Genehmigung des Werberats. Der Werberat kann die Erteilung der Genehmigung von der Erhebung einer Abgabe abhängig machen, deren Höhe durch Verordnung des Reichsministers für Volksaufklärung und Propaganda und des Reichsministers der Finanzen festgesetzt wird. Die Genehmigung kann an weitere Bedingungen geknüpft werden.

Der Werberat kann für bestimmte Fälle der Eigenwerbung Ausnahmen von Genehmigungszwang festsetzen.

§ 4

Der Reichsminister für Volksaufklärung und Propaganda gibt dem Werberat im Einvernehmen mit den für die Wirtschaftspolitik zuständigen Reichsministern eine Satzung. Der Reichsminister für Volksaufklärung und Propaganda ernennt den Präsidenten des Werberats und bestellt die Geschäftsführer.

§ 5

Unberührt bleiben die Zuständigkeiten des Aus-

ANLAGE 2

Katholikenrat
der Region München

Katholikenausschuss in der Stadt Köln
Herrn Vorsitzenden
Gregor Stiels
Domkloster 3
50667 Köln

Postfach 33 03 60
80063 München
Schrammerstr. 3/VI.
80333 München
Telefon: 0 89 / 21 37 - 12 66
Telefax: 0 89 / 21 37 - 27 12 66
E-Mail: info@katholikenrat-
muenchen.de

15.03.2021
rsp

Sehr geehrter, lieber Herr Vorsitzender Stiels,

namens des Vorstandes des Katholikenrates der Stadt und Region München drängt es mich, Sie unserer Solidarität in den Schwierigkeiten rund um die unsäglichen Vorgänge der Missbrauchsaufklärung in Ihrem Erzbistum zu versichern. Wir unterstützen Sie insbesondere in Ihrer Forderung, das erste Gutachten der Kanzlei Westphal/Spilker/Wastl zu veröffentlichen, sowie darin, dass die handelnden Personen endlich ihre persönliche Schuld für juristisch und moralisch falsches Handeln anerkennen. Wir teilen Ihre Einschätzung, dass die Ursachen der derzeitigen Krise in den überkommenen feudalen und patriarchalischen Machtstrukturen der Kirche liegen und die Kirche dringend eines Wandels hin zu demokratischen, Macht begrenzenden und Macht kontrollierenden Strukturen bedarf.

Selbst hier im von Köln weit entfernten München leiden nicht wenige Gläubige unter den Vertrauen zerstörenden Verhaltensweisen Kardinal Woelkis, und selbst hier im weit entfernten München schlägt sich das Entsetzen darüber in steigenden Austrittszahlen nieder. Und das, obwohl wir in München nach der Versicherung unseres Kardinals Marx davon ausgehen dürfen, dass ein entsprechendes Gutachten derselben Kanzlei für die Münchner Erzdiözese im Laufe der nächsten Monate in jedem Fall veröffentlicht wird, ganz gleich, welche Inhalte und Namen darin genannt sein werden. Wir spüren deutlich, dass die Auswirkungen solcher Krisen auch im Empfinden der Gläubigen nicht auf das eine Ausgangs-Bistum beschränkt bleiben. Insofern haben wir dankbar Ihre klare und eindeutige Stellungnahme vom 28. Januar diesen Jahres zur Kenntnis genommen!

Auch wenn wir hier nichts weiter tun können, um Sie und die Gläubigen in Ihrer Stadt Köln zu unterstützen, so möchten wir wenigstens, dass Sie wissen, dass wir in Räte-Solidarität fest an Ihrer Seite stehen. Bleiben wir im Gebet und in der Hoffnung miteinander verbunden.

Ihre Hiltrud Schönheit

Vorsitzende des Katholikenrates
der Stadt und Region München

KirchenZukunft konkret
hrsg. von Prof. Dr. Dr. Michael N. Ebertz (Freiburg)

Michael Broch
Der zweite Tod Jesu
Verschüttet unter 2000 Jahren Kirchengeschichte
Auch moderne Menschen sehnen sich nach Orientierung. Doch die Kirche, die Menschen darin begleiten müsste, versagt auf weite Strecken. Sie ist mit sich selbst beschäftigt und hat in einer beispiellosen „Jesus-Vergessenheit" weithin aus dem Blick verloren, was die Menschen bewegt. Im Lauf der Geschichte wurden die Erbsünde und arme Seelen im Fegefeuer erfunden, Frauen gering geschätzt und vieles mehr. Jesus würde sich darin wohl nicht wiedererkennen. Michael Broch geht es darum, Jesu Gottesbild und sein Evangelium neu zu entdecken, als sinnstiftende Botschaft für eine säkulare Gesellschaft.
Bd. 17, 2022, ca. 128 S., ca. 19,90 €, br., ISBN 978-3-643-15092-9

Silke Obenauer; Andreas Obenauer
Gemeinde leiten in stürmischen Zeiten
Ein Werkbuch für Leitungsgremien
Gemeindeleitung ist in unserer Zeit eine herausfordernde Aufgabe: Die Zahl der Kirchenmitglieder sinkt, die Gesellschaft wird immer vielfältiger – und dann kommt auch noch Corona dazu.
Das vorliegende Werkbuch nimmt die Verantwortlichen in der Gemeindeleitung mit in verschiedene Fahrwasser: Corona-bedingte Wandlungen, gesellschaftliche Veränderungen, neuere Entwicklungen innerhalb der Kirche und klassische Arbeitsfelder unter veränderten Bedingungen kommen in den Blick.
Das Buch gibt Anregungen und stellt Impulsfragen, damit die Verantwortlichen vor Ort gute Entscheidungen treffen können. Dr. Silke Obenauer, Pfarrerin, Leitung Fachstelle Ehrenamt, Referentin für Kirche in neuen Formen, Geistliche Begleiterin, Veröffentlichungen v. a. zu Fragen der Gemeindeentwicklung
Dr. Andreas Obenauer, lange Gemeindepfarrer, Gemeindeberater, Veröffentlichungen zu religions- und gemeindepädagogischen Themen
Bd. 15, 2021, 100 S., 19,90 €, br., ISBN 978-3-643-14896-4

Dietrich Bäuerle
Kirche – Frauen – Menschenrechte
Impulse aus dem Leben der Maria Magdalena für eine andere Kirche
Katholische Kirchenleitung nur Männersache? Doch ohne die Arbeit der Frauen gäbe es diese Kirche überhaupt nicht, deren gegenwärtiges Herrschaftssystem nicht biblisch zu begründen ist. Denn mit der Konstantinischen Wende haben Verantwortliche der Jesusgemeinden altrömische Staatsideologien der Männerherrschaft übernommen und daraus die römische Kirche konstruiert. In den Evangelien dagegen verkünden Frauen, vor allem Maria Magdalena, und nicht die Apostel, die Botschaft von der Auferstehung Jesu. Es ist also an der Zeit, Frauen in der Kirche die absolute Gleichstellung zu garantieren.
Bd. 14, 2019, 144 S., 19,90 €, br., ISBN 978-3-643-14425-6

Gottfried Leder
Bei Unrecht: Widerspruch!
Unterwegs in der Welt und in der Kirche
Bd. 13, 2019, 232 S., 19,90 €, br., ISBN 978-3-643-14375-4

Wolfgang Vögele
Kirchenkritik
Beiträge zu Kirchentheorie, praktischer und ökumenischer Theologie
Bd. 12, 2019, 424 S., 39,90 €, br., ISBN 978-3-643-14244-3

Elmar Nass
Utopia christiana – Vom Kirche- und Christsein heute
Zwei kirchenutopische Dialoge. Mit einem Geleitwort von Erzbischof Dr. Ludwig Schick
Bd. 11, 2019, 256 S., 19,90 €, br., ISBN 978-3-643-14221-4

LIT Verlag Berlin – Münster – Wien – Zürich – London
Auslieferung Deutschland / Österreich / Schweiz: siehe Impressumsseite

Michael N. Ebertz; Meinhard Schmidt-Degenhard (Hg.)
Was glauben die Hessen?
Horizonte religiösen Lebens
Bd. 10, 2014, 200 S., 24,90 €, br., ISBN 978-3-643-12809-6

Norbert Ammermann (Hg.)
„Wie schön sind Deine Zelte" – Kirche vernetzt denken und gestalten
Studien zum Milieuansatz in Kirchengemeinden in Münster-Kinderhaus, Olfen, Senden und Osnabrück
Bd. 9, 2022, ca. 200 S., ca. 19,90 €, br., ISBN 978-3-643-12047-2

Michael N. Ebertz; Günter Lehner (Hg.)
Kirche am Weg – Kirchen in Bewegung
Bd. 8, 2012, 208 S., 19,90 €, br., ISBN 978-3-643-11894-3

Michael N. Ebertz; Monika Eberhardt; Anna Lang
Kirchenaustritt als Prozess: Gehen oder bleiben?
Eine empirisch gewonnene Typologie
Bd. 7, 2012, 280 S., 19,90 €, br., ISBN 978-3-643-11836-3

Klaus P. Fischer
Kirchenkrise und Gotteskrise
Katholische Kirche zwischen Vergangenheit und Zukunft. Mit einem Geleitwort von Herbert Vorgrimler
Bd. 6, 2012, ca. 96 S., ca. 19,90 €, br., ISBN 978-3-643-11615-4

Gottfried Leder
Auf neue Art Kirche sein ... ?
Laienhafte Anmerkungen
Bd. 5, 2008, 168 S., 14,90 €, br., ISBN 978-3-8258-1179-2

Eckhard Bieger; Wolfgang Fischer; Jutta Mügge; Elmar Nass
Pastoral im Sinus-Land
Impulse aus der Praxis/für die Praxis
Bd. 4, 2., erw. Aufl. 2008, 168 S., 17,90 €, br., ISBN 978-3-8258-0986-7

Franz Meurer; Peter Otten; Silvana Becker (Hg.)
Ort Macht Heil
Ein Lese- und Praxisbuch über lebensraumorientierte Pastoral in Köln HöVi (Höhenberg-Vingst)
Bd. 3, 2007, 296 S., 17,90 €, br., ISBN 978-3-8258-8238-9

Petro Müller
Eine kompakte Theologie der Gemeinde
Bd. 2, 2007, 152 S., 14,90 €, br., ISBN 978-3-8258-0432-9

Waltraud Polenz; Hedi Werner; Thomas Hußmann; Helmut Kovermann; Michael J. Rainer (Hg.)
Heilig Geist-Gemeinde Münster: „Lebendige Steine – geistiges Haus"?!
Impressionen und Impulse zur Gemeindeentwicklung im Anschluß an das 75. Jubiläum 2004
Bd. 1, 2006, 200 S., 14,90 €, br., ISBN 3-8258-8158-x

LIT Verlag Berlin – Münster – Wien – Zürich – London
Auslieferung Deutschland / Österreich / Schweiz: siehe Impressumsseite

Forum Religionskritik

Werner Reiland
Religion ohne Dogmen
Der Agnostiker und der Glaube des Herzens
Bd. 22, 2022, ca. 128 S., ca. 24,90 €, br., ISBN 978-3-643-15108-7

Jürgen Wiegand
Christentum neu – entschlackt und offen
Auf dem Weg zu ursprünglichen Ufern
Bd. 21, 2022, ca. 312 S., ca. 29,90 €, br., ISBN 978-3-643-80326-9

Christoph Müller
Nachthütte im Gurkenfeld
Vom gegenwärtigen Elend der Evangelischen Kirche in Deutschland und der Leere, die sie
hinterlässt. Eine Bestandsaufnahme
Bd. 20, 2021, 224 S., 29,90 €, br., ISBN 978-3-643-15011-0

Lutz Pohle
Etikettenschwindel als System
Warum der „Heiligen Kirche" Volk und Priester abhanden kommen
Bd. 19, 2021, 134 S., 19,90 €, br., ISBN 978-3-643-14983-1

Werner A. Müller
Gottesvorstellungen und Leben nach dem Tod
Märchenhaftes und Mythen des christlichen und islamischen Glaubens im Lichte histori-
scher und naturwissenschaftlicher Forschung
Bd. 18, 2021, 94 S., 19,90 €, br., ISBN 978-3-643-14887-2

Udo Kern
Karl Marx und der Neue Atheismus
Bd. 17, 2020, 152 S., 29,90 €, br., ISBN 978-3-643-14801-8

Edda Lechner
Von der Kirche zum Kommunismus
Einblicke und Folgerungen nach lehrreichen Auseinandersetzungen. Mit Anhang „Religi-
onsfreiheit und linke Politik"
Bd. 16, 2020, 420 S., 34,90 €, br., ISBN 978-3-643-14197-2

Michael Francisci de Insulis OP
Determinatio De Antichristo. Traktat über den Antichrist
Editionem curavit Walter Simon. Herausgegeben und eingeleitet von Walter Simon
Bd. 15, 2022, ca. 120 S., ca. 39,90 €, br., ISBN 978-3-643-13842-2

Karl Richard Ziegert
Die Verkäufer des „perfect life"
Über die Amerikanisierung der Religion und den Untergang der EKD-Kirchenwelt in
Deutschland
Bd. 14, 2015, 468 S., 39,90 €, br., ISBN 978-3-643-13013-6

Veit Thomas
Gott ist ein Kind
Ein kulturpädagogischer Versuch in 59 Thesen
Bd. 13, 2015, 232 S., 34,90 €, br., ISBN 978-3-643-12918-5

LIT Verlag Berlin – Münster – Wien – Zürich – London
Auslieferung Deutschland / Österreich / Schweiz: siehe Impressumsseite

Religion – Geschichte – Gesellschaft
Fundamentaltheologische Studien
begründet von Prof. Dr. Dr. Johann Baptist Metz (†), Prof. Dr. Jürgen Werbick,
Prof. Dr. Johann Reikerstorfer
hrsg. von Prof. Dr. Ulrich Engel OP (Institut M.-Dominique Chenu, Berlin), Prof. Dr. Judith Gruber
(KU Leuven), Dr. Michael Hoelzl (University of Manchester)

Hans-Gerd Janßen; Julia D. E. Prinz; Michael J. Rainer (Hg..)
Theologie in gefährdeter Zeit
Stichworte von nahen und fernen Weggefährten für Johann Baptist Metz zum
90. Geburtstag
Johann Baptist Metz (* 5. August 1928) hat seine Theologie im intensiven Austausch mit Philosophie, Geschichte, Rechts-, Politik- und Sozialtheorie, Jüdischem Denken und Welt-Literatur & Kunst
gewonnen und entfaltet – und so nicht nur in der theologischen Diskussion prägende Spuren hinter-
lassen. Seine Gottesrede lässt sich nicht aus den Katastrophen in Geschichte und Gesellschaft her-
auslösen, sondern bleibt im Kern herausgefordert angesichts der weltweit steigenden Gefährdungen:
interkulturell, sozial, politisch, ökonomisch, ökologisch … !
Dieser Band führt 150 kompakte Stellungnahmen zusammen, die Zeit-Zeichen setzen: die Beiträ-
ger_innen loten aus, in wieweit sie der Neuen Politischen Theologie und J.B. Metz als Person prägende Inspirationen und bleibende Impulse für ihre eigene Sicht auf Philosophie, Theologie, Geschichte,
Gesellschaft, Recht, Politik, Bildung und Kunst verdanken: eine ungewöhnliche Festschrift voller
Überraschungen und weiterführender Anstöße.
Bd. 50, 2. Aufl. 2019, 600 S., 39,90 €, br., ISBN 978-3-643-14106-4

LIT Verlag Berlin – Münster – Wien – Zürich – London
Auslieferung Deutschland / Österreich / Schweiz: siehe Impressumsseite